NADA A PERDER 2

Edir Macedo

NADA A PERDER 2

MEUS DESAFIOS DIANTE DO IMPOSSÍVEL

Planeta

Preparação e revisão: Fernanda Umile
Revisão: Lizete Mercadante Machado
Projeto gráfico e Diagramação: Thiago Sousa | all4type.com.br
Capa: Repertório Editorial
Imagem de capa: Demetrio Koch
Fotos de miolo: Arquivo *Diário de São Paulo,* Arquivo *Jornal do Brasil,* Baboon Filmes, Lumi Zúnica, Demétrio Koch, José Célio, Pauty Araújo, Ticiana Bitencourt, Marcos A. Silva, Kátia Pedroza, Lucas Prado, Arlesson Sicsú, Luciana Botelho, Getty images/Mike Theiss, Arquivo Pessoal, Reprodução TV Record e Cedoc/Unipro

Colaboração: Karla Dunder, Marcus Souza, Anne Campos, Vagner Silva e Leandro Cipoloni
Agradecimentos: Clodomir Santos, Paulo Roberto Guimarães, Cristiane Cardoso, Renato Cardoso, Viviane Freitas, Júlio Freitas, Marcus Vinicius Vieira, Romualdo Panceiro, Guaracy Santos, Honorilton Gonçalves, Sérgio Corrêa, Sérgio Motta, Tânia Maduro, Solange Guimarães, Marcos Pereira, Adriana Guerra, Ivone de Paula, Rita Cruz, Terezinha Rosa Silva, Mariléa Sales, Alba Maria e Sheila Tavolaro

CIP-BRASIL. CATALOGAÇÃO-NA-FONTE
SINDICATO NACIONAL DOS EDITORES DE LIVROS, RJ

M119n Macedo, Bispo, 1945-
v.2
Nada a perder / Edir Macedo. - 1. ed. - São Paulo : Planeta, 2013.
288 p. : il. ; 23 cm.

ISBN 978-85-422-0139-0

1. Macedo, Bispo, 1945-. 2. Empresários - Brasil - Biografia. 3. Igreja Universal do Reino de Deus - Clero - Biografia I. Título.
13-01890 CDD: 926.58
CDU: 929:658

2013

EDITORA PLANETA DO BRASIL LTDA.
Avenida Francisco Matarazzo, 1500 – 3º andar – conj. 32B
Edifício New York
05001-100 – São Paulo – SP
www.editoraplaneta.com.br
atendimento@editoraplaneta.com.br

Ao Deus Espírito Santo que, em nome do Seu Filho Jesus, tem guiado a minha vida.

A Ester, amada e fiel companheira.

Sumário

Introdução

Confesso: quando decidi registrar minhas memórias, idealizamos um projeto biográfico limitado. Não imaginei que *Nada a perder* fosse crescer tão rápido e alcançar proporções tão surpreendentes.

As cenas dos lançamentos do primeiro livro da trilogia, reunindo multidões no Brasil e no mundo, me comoveram e encheram meu íntimo de alegria e gratidão. Gratidão ao povo fiel que acompanha nossa trajetória de renúncia no Altar e, sobretudo, ao Espírito Santo, por tudo que fez, está realizando e ainda vai realizar em nossas vidas.

Também aprendi mais sobre os desígnios de Deus. Muitas situações vividas por mim e minha esposa Ester, cujos significados pareciam sem sentido no passado, hoje servem de bússola para uma quantidade sem fim de pessoas. O Espírito de Deus nos conduziu a momentos, até então incompreensíveis, para que nossa história de vida pudesse, em pequena ou grande medida, fortalecer, encorajar, instruir, renovar, inspirar atitudes e salvar gente de tantos idiomas, raças, culturas e hemisférios diferentes.

Foram 46 lançamentos oficiais de *Nada a perder 1* ao redor do planeta. Quatro continentes, 16 países, 41 cidades. Quase 1 milhão de pessoas passaram por livrarias de Nova York ao Rio de Janeiro; de Tóquio a Londres; de Paris a Caracas; de Manila a Joanesburgo e de Hong Kong a Manaus.

Durante seu ciclo de lançamentos, o livro foi recebido por autoridades das Organizações das Nações Unidas, nos Estados Unidos, e pelos mais importantes veículos de comunicação em todo o mundo. Com respeito e admiração de mesma intensidade, foi acolhido pelas tribos isoladas da África e por detentos em um presídio de São Paulo – onde fiz questão de estar pessoalmente e apertar a mão e orar por cada um deles. Foi uma honra para mim.

A obra quebrou recordes e conquistou os mais variados públicos em partes distintas do planeta. Mas toda essa repercussão positiva não me traz recompensa e satisfação maiores do que os milhares de depoimentos de leitores ajudados por *Nada a perder* 1. Apresentar uma luz no fim do túnel para quem se considera perdido e dividir minhas experiências íntimas com o Altíssimo para ajudar as pessoas é a intenção principal deste projeto.

Agora, partimos para a segunda parte desta trilogia de fé. Vamos entender como tudo aconteceu no Brasil. Vamos compreender do que é capaz a Palavra de Deus. Como uma pequena igreja, funcionando em uma antiga funerária, se multiplicou em milhares de templos. Dos cultos no bairro da Abolição, no Rio de Janeiro, às pregações em grandes estádios de futebol e nas maiores áreas de concentração a céu aberto do país. O doloroso caminho para a conquista da Rede Record, hoje uma das principais emissoras de televisão do Brasil e do mundo.

Um vasto trabalho de pesquisa jornalística ajudou a embasar minhas reflexões e lembranças. Durantes vários dias, Ester e eu estivemos em reclusão com o jornalista e escritor Douglas Tavolaro, coautor desta obra, para resgatar essa parte da nossa vida. Foi apenas mais um momento de inúmeras recordações compartilhadas com Douglas, ao longo dos últimos dez anos, que nos proporcionaram condições para compor *Nada a perder 2*.

Como o primeiro volume, este livro não é uma simples retrospectiva. Há uma série de amigos, companheiros de Igreja, pessoas próximas e anônimas ausentes destas páginas. O livro não segue uma ordem cronológica. A maioria dos capítulos foi escrita fora de sequência, de forma temática, para facilitar a leitura.

Em *Nada a perder 2*, vamos saber de que maneira fomos injustamente atacados, como enfrentamos pressões, calúnias e preconceitos. Como superei as ameaças da indecência. Vamos contar detalhes de uma provação que poucos conhecem. Sofreguidão que se tornou perseverança. Persistência que se tornou triunfo graças à fidelidade da Palavra de Deus.

Obrigado a cada um que participou dos lançamentos e adquiriu o nosso primeiro livro de memórias.

Que as histórias de *Nada a perder 2* falem diretamente ao seu espírito. Boa leitura!

CAPÍTULO 1

Eu era o milagre

Deus não livra da fornalha, mas livra do fogo.

Céu escuro

O telefone tocou na madrugada. Eu acordei assustado. Qualquer ligação, eu logo imaginava que surgiria um novo ataque, uma nova agressão da imprensa, uma nova cobrança judicial.

"Paz" era uma palavra impensada naquele tempo.

– Bispo, eles não querem conversa. Os proprietários não aceitaram nossas condições. Temos poucos dias para encontrar uma saída – alertou-me um dos nossos advogados, em uma chamada de poucos segundos.

Sobre a mesa de casa, após outras tantas reuniões esgotantes ao longo do dia, os números da dívida da compra da TV Record. A ligação marcava o fim de mais uma rodada de negociações, que avançaram noite adentro. A situação parecia um quebra-cabeça sem solução. "Meu Deus, como juntar as peças? O que fazer? Como escapar desse labirinto?" A minha mente lutava para encontrar uma saída.

Era início da década de 1990, mais precisamente nas primeiras semanas de fevereiro. Eu sabia que havia dado um passo ousado. O nosso primeiro e verdadeiro grande desafio. Ou a Igreja Universal do Reino de Deus dava um salto para transformar radicalmente sua história, ou seríamos derrubados por um golpe que nos afundaria. Era tudo ou nada! Eu estava à frente de tudo isso.

Os números assustavam. Compramos a Record por 45 milhões de dólares, a maior negociação já realizada por um meio de comunicação no Brasil até aquele período. As cifras espantaram especialistas. Não era comum uma empresa de rádio e televisão ser vendida por aquele valor em nosso país. Foi o preço pago pela chance de uma conquista inédita.

Desembolsei como sinal seis milhões de dólares. Os outros oito milhões, correspondentes à segunda parte da entrada, deveriam ser pagos em 45 dias. O restante, 31 milhões, seria pago aos antigos donos ao longo de dois anos. Tudo em dólares e corrigido a cada mês.

A economia do Brasil vivia sob a sombra do monstro da inflação, o que desenhava um futuro nebuloso. Até hoje não sei como conseguimos. Não foi por caminhos semelhantes ao de qualquer negócio comum. Não houve cálculos detalhados nem estudos financeiros. Simplesmente, agi pela fé. Eu acreditei e ponto.

Logo após o primeiro pagamento, as contas começaram a apertar. No dia do vencimento da segunda parcela, ainda não havia dinheiro suficiente. E pior: uma cláusula do contrato rezava que, em caso de atraso no pagamento, eu perderia a compra da Record e mais todo dinheiro já pago. Além de não saber como solucionar a dívida da entrada, logo começariam as prestações que se traduziriam em mais sufoco.

Eu dependia de um milagre.

Cheguei em casa deprimido naquela noite. Fechei a porta do quarto e sentei na cama, em silêncio. Olhei para o teto. Através da janela era possível avistar o céu escuro. Respirei fundo. A Bíblia estava na cabeceira, perto do abajur. Um buraco, uma revolta incendiava meu interior. Passei praticamente a noite toda em claro. Pensei no poder de Deus, na capacidade de dar a volta por cima, de reverter situações sem solução. Pensei na grandeza do Espírito Santo.

A fé inteligente, que sempre conduziu a minha vida e a minha entrega no altar, veio à tona. Como crer num Deus tão grande e viver uma vida tão miserável? Era esse pensamento que me guiava e me impulsionava a desafios considerados impossíveis por qualquer ser humano. Quanto a isso, sou radicalmente revoltado. Não se trata de mérito próprio, merecimento ou uma supercapacidade qualquer, mas unicamente de crer nas promessas de Deus e executar a Sua vontade. Trata-se de fé.

Era sobre essa fé que eu pregava e prego dia e noite. Era isso o que eu vivia e vivo intensamente. O profeta Josué ouviu uma das mensagens mais significantes de toda a Bíblia, a que mais fala diretamente comigo e me anima nos momentos mais conturbados: "Ninguém te poderá resistir todos os dias da tua vida; como fui com Moisés, assim serei contigo; não te deixarei nem te desampararei" (Josué 1.5).

Essa promessa, até hoje espalhada pelos cômodos da minha casa, me revelava a certeza de descobrir uma luz no final do túnel. A situação era de emergência. Eu nunca contei isso para ninguém.

Na manhã seguinte, acordei cedo e parti para o meu escritório, no décimo terceiro andar do prédio da Rádio Copacabana, na Avenida Visconde de Inhaúma, no centro do Rio de Janeiro. Estava inquieto. Andava de um lado para outro, sem parar, apreensivo. Eu me perguntava qual o sentido de chegar até ali e, de repente, perder tudo de uma hora para outra. Eu não conseguia acreditar que Deus nos abandonaria no meio de uma jornada tão arriscada e desafiadora. "Por quê? Por que, meu Deus?" Os pensamentos me agonizavam. Havia um peso dentro de mim, algo me torturando, uma angústia profunda e sombria.

De repente, na velocidade de um estalar de dedos, tranquei-me sozinho no banheiro. Era hora de decisão.

Dobrei os joelhos, coloquei minha cara no chão e chorei. Desabei com todo aquele peso sobre os meus ombros. Tinha feito tudo o que podia fazer e nada dera certo. Então, disse para Deus:

– Olha, a compra dessa emissora está nas Tuas mãos! Se conseguirmos a Record, muito bem! Se não, paciência! Se o Senhor não me ajudar, eu não vou fazer mais nada! Eu me rendo!

Foi meu desabafo com Deus. Era somente eu e Ele naquele momento. A minha indignação irradiou uma força sobrenatural.

– Meu Deus, eu não tenho nada a perder! O Senhor é minha testemunha! Esse negócio não é para mim!

A minha oração foi rápida assim. O meu *amém* significou um ponto-final em uma aflição devastadora. Ao me levantar, o aperto no meu peito havia sumido. O céu parece que se abriu. Meu interior estava iluminado. Eu não sabia ao certo o que iria acontecer, mas o Espírito Santo havia gerado dentro de mim a certeza genuína da resposta.

Mas era preciso esperar. A solução não viria de imediato.

As minhas palavras para Deus, desafogadas no banheiro daquele prédio, de fato, significavam a mais pura expressão do que eu sempre mentalizei. Eu nunca desejei nada para mim, nunca houve um projeto pessoal em desenvolvimento. Já em 1977, quando fundei a Igreja Universal, tinha a convicção de que o crescimento do Evangelho dependia de um veículo de comunicação de massa para atingir o Brasil e o mundo.

O Senhor Jesus pregava na direção do vento, quase sempre no alto dos montes, para que sua voz se propagasse o mais longe possível. Ele operou a maioria dos milagres em lugares públicos, à vista de muitas testemunhas, justamente para que os sinais divinos fossem espalhados entre a população de Israel. Eram estratégias de comunicação para atingir a quantidade máxima de gente.

Esse era o meu raciocínio. As emissoras de rádio e de TV, os veículos de mídia em geral, exerceriam um papel decisivo na difusão da mensagem de fé que havia conhecido ainda jovem, em meus primeiros passos como cristão. Era um projeto idealizado para conquistar almas.

A sinceridade das minhas intenções me fazia crer, já nos primeiros dias de igreja, que Deus colocaria algo extraordinário em nossas mãos. Quando não havia sequer cinco minutos de rádio alugado, eu repetia que teríamos uma grande emissora de televisão. Certa noite, ainda nos primeiros dias na antiga funerária, em uma reunião com a presença de no máximo 20 fiéis, entrei no altar determinado. Dei um rápido "boa-noite" e fui direto ao ponto.

– Pessoal, preste atenção! Vocês sabiam que nós vamos ter uma rede de televisão? – falei ao microfone.

As poucas pessoas sentadas nos bancos de madeira se entreolhavam. Um dos evangelistas, encostado na parede, abriu um sorriso um tanto irônico. Naquele tempo, suávamos até para pagar o aluguel ao final de cada mês.

– É isso mesmo! Nós vamos ser donos de uma grande emissora de televisão para pregar o Evangelho no mundo inteiro. Não vamos depender de ninguém! Podem acreditar! Podem ter certeza disso!

Não foi um ato de insanidade. Eu falei tomado por uma convicção, claro. Convicção absoluta na grandeza do Deus que eu creio e na fidelidade de Sua palavra. Para mim, esse trecho da Bíblia não é uma promessa ilusória: "Jurou o Senhor dos Exércitos, dizendo: como pensei, assim sucederá, e, como determinei, assim se efetuará" (Isaías 14.24).

Despertar de uma era

Pouco tempo após a fundação da Igreja Universal, ainda em 1978, um dos nossos primeiros fiéis me procurou para dizer que havia conseguido negociar 15 minutos de programação de rádio para mim. Era dona Maria Veronese da Silva, hoje já falecida, mulher de seu Albino, o mesmo que ajudou a encontrar o nosso templo número um.

Ela antecipou o pagamento de três meses da rádio, 9 mil cruzeiros na moeda da época – exatamente o mesmo valor do aluguel do prédio da antiga funerária. Ou seja, em poucos meses de existência, aceitamos o desafio de dobrar nossa despesa mensal. A Rádio Metropolitana do Rio de Janeiro tornou-se, então, nossa primeira investida em um veículo de comunicação.

– Evangelista Edir, o dono da rádio aceitou o negócio. Só que tem um detalhe: ele disse que só vai abrir 15 minutos no final da noite e depois da "babá" Ivete Brum. Você quer? – perguntou-me, receosa, dona Maria.

Na hora, vibrei com a proposta. Meu "sim" foi imediato. Ivete Brum era uma conhecida babalorixá, chefe espiritual do candomblé, apresentadora de uma atração voltada para praticantes dessa linha do espiritismo. Eu compreendia a chance de ouro. Herdando a audiência do programa anterior, muitos ouvintes, decepcionados com a crença nos espíritos, certamente passariam a saber da existência do trabalho de libertação espiritual da Igreja Universal.

E foi o que aconteceu. Passei a falar a verdade sobre o papel dos espíritos, a exibir histórias reais e impressionantes de vidas transformadas e a desafiar o resultado das promessas feitas pela mãe de santo. Ela conquistava inúmeros adeptos com a distribuição de uma "moeda da felicidade" e, ao saber disso, rapidamente convoquei à igreja os ouvintes frustrados com o resultado da mandinga. Os cultos entupiram. As reuniões na antiga funerária começaram a superlotar, passamos a ser conhecidos como a "igreja dos milagres", fato que vamos contar mais adiante no capítulo *Círculo gigante*.

Nosso programa, que inicialmente começava às 22h45, conquistou mais 45 minutos às 7 horas da manhã. Futuramente, chegamos a alugar a Rádio Metropolitana 24 horas por dia. Em outubro de 1978, porém, seis meses após nossa pioneira investida em rádio, decidimos dar um tiro de maior alcance: alugar um horário na televisão.

A chance surgiu na extinta TV Tupi, que já demonstrava os sintomas da crise financeira, que levaria à sua falência. A emissora ainda tinha uma rede de filiadas capaz de atender nosso projeto de crescimento. O programa, exibido para todo o Brasil, tinha apenas 30 minutos diários e ganhou o nome de "O despertar da fé".

Financeiramente, era precipitado avançar sobre a televisão. Mas a minha crença e a minha visão, graças à direção do Espírito de Deus, me impulsionavam a arriscar. Milhões de residências brasileiras já possuíam televisores no final dos anos 1970. A virada da década ficou marcada pela popularização da televisão no país.

"O despertar da fé" começava às 7h30 da manhã, horário em que ainda não existia nenhum tipo de programação nas demais emissoras. Naquele tempo, a maioria dos canais ficava fora do ar até o final da manhã. Ou seja, éramos a única opção para quem ligava a televisão naquela parte do dia, o que transformou nosso programa em uma gigantesca mola propulsora de público para os cultos da Igreja Universal.

A mão de Deus estava ali.

Eu gravava pessoalmente os programas no bairro da Urca, na sede da TV Tupi, canal 6, no Rio de Janeiro. Todas as segundas–feiras eram feitas sempre cinco gravações de uma única vez. O cenário tinha ao fundo o desenho de duas mãos unidas, em posição de oração, suavemente cortadas por raios solares.

Eu comandava um polêmico quadro de entrevistas de 15 minutos, batizado de "Painel da verdade", sucedido de uma prece pelo trabalhador e por quem enfrentava algum tipo de sofrimento. E, seguindo a estratégia do rádio, divulgávamos com força total os desafios de fé do nosso trabalho de libertação espiritual. Os depoimentos eram escolhidos com critério rigoroso, a partir do meu convívio diário com a igreja. A linguagem simples e incisiva chamava a atenção. Mas, acima de tudo, o desejo real de ajudar quem se considerava perdido conquistava uma multidão de telespectadores.

Hoje não é assim. Existem diversos pastores evangélicos falando de suas inúmeras igrejas em vários horários na televisão. Grande parte levada unicamente por um objetivo empresarial ou por mera vaidade. Pura propaganda enganosa. O interesse maior é tirar fiéis de outras igrejas que começaram do zero, contando exclusivamente com a unção de Deus. Na realidade, poucos estão preocupados em alcançar os sofridos. Uma avalanche de programas banais, sustentados em emoção barata e apelativa, cuja última intenção é socorrer os desesperados.

Para aproveitar ainda melhor o espaço na televisão, gravei um disco de vinil com músicas evangélicas em 1979, cuja ilustração da capa era o símbolo de "O despertar da fé". De um lado do vinil, tocava a música "Oramos agora" e, do outro, um clamor. A oração traduzia o que eu sempre suplico diariamente até os dias hoje. Um dos trechos diz:

"Deus, Tu sabes quanto essas pessoas estão sofrendo, quanto elas vêm gemendo e padecendo. São pessoas que têm andado de um lado para outro. Seus pés já estão até feridos.

Há também aquele que a garganta não pode chamá-lo ou suplicar por um socorro. Só o que se ouve é um gemido, uma vez que já pediram tanto. Agora, só o que se ouve são sussurros.

Meu Deus, não deixe de nos ouvir neste momento. Pois a Tua palavra garante que tudo quanto pedirmos a Ti, em nome do Senhor Jesus Cristo, nós receberemos.

A Tua Palavra afirma que o Senhor tem prazer em nos atender. Senhor, tu tens prazer em nos atender, e nós temos fé em pedir".

Durante anos, a canção que acompanhava essa oração também tocou em nossos programas de rádio, mas foi na TV Tupi que ela se tornou conhecida. Milhares de famílias brasileiras chegaram à Universal por meio desse simples vinil.

Quando a Tupi faliu, em julho de 1980, passamos a ir ao ar em algumas emissoras com programação regional e, nas principais capitais brasileiras, através da Rede Bandeirantes. Em 1981, já eram mais de 20 estados recebendo o sinal do nosso programa. De lá para os dias atuais, jamais abandonamos a televisão para a pregação do Evangelho em atendimento aos necessitados. "O despertar da fé" marcou época e tornou-se uma coluna notável no trajeto de realizações da Igreja Universal.

No prédio da Rádio Copacabana, eu vivia dentro desse túnel do tempo diante do desafio de pagar as prestações da compra da TV Record. A minha oração, curta e de revolta, no banheiro do escritório, me fortaleceu para enfrentar a batalha pela aquisição de uma das principais emissoras de televisão do país. Após minhas palavras indignadas para Deus, o meu espírito estava forte, mas ainda não conseguia enxergar uma saída para quitar as dívidas astronômicas.

O Brasil tinha acabado de decidir nas urnas a primeira eleição presidencial após a ditadura militar e aguardava com ansiedade a posse e as possíveis mudanças políticas e econômicas do novo governo. A inflação galopante fazia nossas contas multiplicarem da manhã para a tarde do mesmo dia. Tinha receio apenas de pensar em conferir os índices de cotação do dólar. Não havia mais crédito nos bancos. Não havia a quem recorrer.

Eu confiava apenas no poder da fé.

Era essa força que me fazia acreditar no milagre capaz de me impedir de não perder a Record. A situação tornava-se, a cada momento, mais insustentável. Mas eu não desistiria.

Mas não se esqueça

Os anos 1980 avançaram com o crescimento da quantidade de horários alugados em rádio e televisão, mas sem ainda concretizar o antigo objetivo de ser dono do nosso próprio meio de comunicação. Até que surgiu a chance da primeira aquisição: a Rádio Copacabana, umas das emissoras AM mais populares e famosas do Rio de Janeiro naquele período.

Para conseguir pagar o valor da compra, vendi uma casa que havia recentemente construído em Petrópolis. A mudança para a serra fluminense significou uma fase particular de convivência para a nossa família. Era um lugar aprazível e aconchegante, onde desfrutei momentos especiais.

Ao sair da reunião no bairro da Abolição, com sol a pino, enfrentava o calor de 30° e, já no pé da serra, a temperatura reduzia para menos de 20°. A neblina entrava nos cômodos da casa. Após muito tempo vivendo na Zona Norte do Rio de Janeiro, em apartamentos minúsculos e sem lazer, pude, enfim, dar à minha esposa Ester e às minhas filhas um pouco de conforto. Mas foi por tempo limitado. A venda da nossa casa tornou-se primordial para a compra da Copacabana.

Guardo também uma amarga lembrança de, em Petrópolis, lutar contra as crises de asma de Cristiane, minha filha mais velha, que foram completamente vencidas ao longo dos anos. Muitas noites, eu dormi no chão para que ela deitasse abraçada com a mãe.

Ester, aliás, dirigia pacientemente durante uma hora da Zona Norte do Rio até a nossa casa após o encerramento dos cultos, quase sempre de madrugada, sem nunca ter feito uma reclamação sequer. Eu saía esgotado após um dia inteiro de reuniões e ela sempre esbanjava paciência e serenidade.

Também sobre Petrópolis, carrego a dolorosa recordação de um terrível acidente de carro, que quase me matou. Foi uma cena pavorosa. Passava das seis da manhã quando me preparava para sair de casa rumo à Rádio Metropolitana. A rua onde morava, no alto de uma montanha, ficava em um dos maiores declives do bairro. O motorista tinha acabado de encher o tanque de gasolina de um carro recém-adquirido.

Ao sentar no banco de passageiros, levei um tranco forte. O motorista, ainda não acostumado às marchas do novo veículo, acelerou ladeira abaixo. O carro capotou várias vezes na descida descontrolada do morro. Fui lançado para fora sem entender até hoje como aconteceu, e desmaiei.

O motorista entrou em casa correndo e disse para Ester que eu estava morto. Minutos depois, acordei atordoado. Não conseguia me levantar sozinho. Ao recobrar a consciência, deparei-me com a imagem do combustível vazando do tanque do carro. Fui socorrido rapidamente e levado para o setor de emergência do hospital, onde fiquei internado por alguns dias. Sofri fraturas sérias. Minha cabeça inchou, quebrei um braço e luxei gravemente o outro. Tive ferimentos por todo o corpo.

Os anjos de Deus me protegeram. O Senhor Jesus me livrou da morte.

Logo em seguida, nós mudamos para um imóvel na Barra da Tijuca, por ser mais próximo do escritório e dos estúdios da Rádio Copacabana. A emissora exigia minha frequente presença em seus primeiros anos de funcionamento. E eu compreendia essa aquisição como uma meta atingida para a pregação do Evangelho.

Em julho de 1984, fiz o anúncio sobre a igreja em todo país, num artigo publicado em nosso jornal interno, intitulado "A Rádio Copacabana é nossa!" O título fazia referência à célebre trilha comemorativa de conquista da Copa do Mundo, em 1958, pela Seleção Brasileira de Futebol. Abaixo, selecionei um trecho desse texto assinado por mim e festejado por todos nós mais do que se fosse uma taça de Copa do Mundo:

"Foram muitas orações, súplicas e jejuns. Vivemos confiantes momentos de expectativa.

Não desistimos! Não desanimamos! Nem por um momento fraquejamos!

E, firmes, continuamos caminhando, passo a passo junto d'Ele, confiando em que alcançaríamos o objetivo sonhado: a compra de uma emissora de rádio, onde pudéssemos diuturnamente exercitar a nossa fé na Obra do Senhor.

Queríamos implantar o bendito nome de Seu Filho nos corações dos ouvintes mais distantes. E o bondoso Deus ouviu e atendeu as nossas orações e concedeu à Igreja Universal o privilégio e a graça de ver o sonho de todos realizado!

Para isso, estamos nos desdobrando, inclusive estendendo a nossa jornada de trabalho. Todos os membros, os pastores e a equipe de trabalho da rádio estão unidos, dando, cada um, indistintamente, o seu percentual de colaboração.

A Rádio Copacabana é nossa!
Bispo Macedo".

As palavras saíram do papel. Durante os primeiros anos, apresentei pessoalmente a programação da madrugada. Passava horas e horas atendendo ouvintes com os mais variados tipos de aflição. De segunda a sexta, meu turno começava à meia-noite e terminava às quatro da manhã. Ao longo do dia, fazia cultos e, muitas vezes, emendava a apresentação de outro programa de manhã ou à tarde na rádio. Ester me acompanhava sempre.

Eu vivia esgotado, mas o socorro espiritual prestado nas madrugadas salvou muita gente do inferno. Não faltam histórias de membros fiéis e até de pastores da Igreja Universal hoje resgatados do sofrimento pelas ondas da Rádio Copacabana.

Essa força se multiplicou em todo o Brasil com o passar dos anos. Foram alugadas e adquiridas novas emissoras de rádio, de norte a sul do país. A amplitude desse tipo de veículo ajudou nosso arranque inicial. Por ser mais acessível à população em geral e às comunidades mais afastadas dos grandes centros, especialmente naquela época, o rádio teve papel decisivo para a divulgação da Palavra de Deus país adentro.

Hoje, são centenas de horas de programações diárias em diferentes emissoras compostas pela Rede Aleluia. Faço questão, sempre, de apresentar meu programa ao vivo para o Brasil, todos os dias, às 23 horas. Quando estou em viagens missionárias, encontro um tempo do dia para gravar minha mensagem. Isso é sagrado. Carrego comigo um aparelho que me permite enviar a gravação, via internet, de qualquer parte do mundo.

Tenho prazer em me dedicar à programação da rádio desde tempos remotos. Imagino quantos milhões de pessoas foram salvas a um palmo do abismo e receberam um último suspiro para transformar suas vidas, muitas vezes ao ouvirem uma palavra. Uma simples palavra. Muitas foram socorridas no desespero de um dia fatídico ou na solidão angustiante da escuridão.

Eu me comovo ao pensar nisso. Deus nos deu o privilégio de sermos usados para ajudar milhares de pessoas depressivas, com desejos de suicídio, doentes, viciadas e vítimas de outros tantos males quando a maioria da população dorme. Estender a mão para quem necessita é se aproximar de Deus:

"Assim diz o Alto, o Sublime, que habita a eternidade, O qual tem o nome de santo: habito no alto e santo lugar, mas habito também com o contrito e abatido de espírito, para vivificar o espírito dos abatidos e vivificar o coração dos contritos". (Isaías 57.15)

Essa passagem bíblica fala tão profundamente comigo, que meus e-mails carregam essa assinatura. Antes dela, faço questão de ressaltar um lembrete com os dizeres: "Mas não se esqueça". Muito além de uma mensagem de autoajuda, essas palavras exprimem o que me motiva, o que me dá razão de existir.

A ÚLTIMA PROFECIA

A saga da compra da Record, que na chegada dos anos 1990 me trazia dores e apreensões jamais imaginadas com o volume de contas acima da nossa capacidade financeira, começou com uma ligação telefônica quando eu já havia mudado para os Estados Unidos para pregar o Evangelho.

– Bispo, a Rede Record está à venda. Um dos nossos advogados ligou e me passou a informação, em primeira mão, para nós – contou-me, entusiasmado, Paulo Roberto Guimarães, um dos bispos mais antigos e, então, responsável pela Igreja Universal no Brasil.

– A oportunidade parece excelente, Paulo. Vamos atrás imediatamente – respondi, convicto. – Precisamos ser cuidadosos e agir certo para não deixar passar essa chance.

Ao desligar o telefone, não saíam da minha cabeça os significados daquele momento único. O que realmente representaria a aquisição de um canal de comunicação com a marca e a tradição da TV Record? Como sempre, lembrei-me do meu encontro com Deus. Não era um projeto para ostentação. O

Espírito Santo sondava minha mente e conhecia minhas intenções. Havia uma fé sincera e revoltada dentro de mim.

Minha indignação nascia ao ver milhões de brasileiros longe de Deus, sedentos da salvação eterna. Já imaginava o que significaria uma emissora de televisão para os planos de Deus. Quantos resgatados, quantas vidas recuperadas, quantos milagres. A Obra de Deus jamais seria a mesma.

Lembrei-me também de um fato emblemático ocorrido mais de um ano antes, precisamente no dia 27 de março de 1988. Foi a última vez que determinei em público que seríamos proprietários de uma grande emissora de televisão. E o público era grande: foi em pleno Estádio do Maracanã durante a inauguração da TV Rio, canal 13, comprada na época pelo pastor Nilson do Amaral Fanini, ex-presidente da Aliança Batista Mundial.

Para marcar o início da nova programação da emissora, foi organizada uma festa com a presença de pastores de várias denominações e diversas autoridades políticas. Só que havia um problema: o estádio não poderia estar vazio.

– Bispo Edir, preciso de um grande favor. O senhor pode me ajudar a lotar as arquibancadas do Maracanã? – perguntou-me Fanini, pelo telefone. – O senhor sabe como é. Só a Igreja Universal consegue encher o Maracanã – completou.

Eu recebi a ligação com certa desconfiança, mas acreditei nas palavras dele.

– Vamos transmitir toda a festa ao vivo. Será uma solenidade muito bonita, bispo Edir. Precisamos mostrar a força da comunidade evangélica – completou o pastor batista.

– Tudo bem. Eu só preciso de apoio para produzir os

convites para o nosso povo – respondi emendando logo uma pergunta:

– E como será essa cerimônia, pastor Fanini?

– Primeiro, vamos apresentar um *show* e anunciar a nova programação e, em seguida, chamar o ministro das Comunicações para fazer a abertura oficial da nova TV Rio. Logo depois, passo o microfone para o senhor realizar sua preleção e encerramos a transmissão ao vivo.

No dia marcado, mais de 40 mil pessoas ocuparam as arquibancadas e cadeiras próximas ao gramado, onde foi armado o grande palco da cerimônia. A esmagadora maioria do público, obviamente, formada por membros e obreiros da Igreja Universal de todo o Estado do Rio. O evento iniciou com a oração de outros pastores e *shows* de música gospel.

Eu estava sentado no palco, ao lado de Ester, em um dos cantos ao fundo. Na minha frente, conferencistas evangélicos de diferentes denominações e lugares, alguns até dos Estados Unidos. De repente, começa a apresentação de grupos de dança do candomblé e da umbanda. Homens e mulheres, todos vestidos de branco, dançavam e rodavam ao som dos atabaques. Eu arregalei os olhos. O povo da Igreja Universal estranhou. Uma enorme vaia foi crescendo de volume ao redor do Maracanã. Não consegui conter o riso.

Fanini prosseguiu a cerimônia apresentando ao público a diretoria de sua emissora e rasgando elogios a Walter Clark, famoso executivo de televisão, responsável pela programação da TV Rio. Ele pediria demissão dias depois por se desentender com Fanini. Em seguida, anunciou a presença do então ministro das Comunicações, Antônio Carlos Magalhães, que chegou de helicóptero e atravessou a pé o gramado a caminho do palco. No centro do campo, ouviu o hino nacional executado pela banda do batalhão de fuzileiros navais.

Pensei comigo: "Agora é a minha vez. Vamos orar e passar fé. Vamos sacudir esse estádio!" Contava os segundos para terminar a tal apresentação burocrática. O ministro encerrou seu discurso e, surpreendentemente, descumprindo o acordo, Fanini chamou outro grupo musical. A arquibancada começou a chamar o nosso nome, e nada. Novas orações foram realizadas por outros pastores. O espetáculo teve ainda revoada de pombos e chuva de pétalas de rosas. E eu continuava sentado ao fundo, ao lado de Ester, como desde o início do evento.

Após duas horas aguardando, finalmente, fui chamado ao centro do palco. Fanini agradeceu a minha presença, dos conferencistas evangélicos, deputados e vereadores e, acredite, anunciou o fim da transmissão. Somente quando o programa saiu do ar, fui chamado para começar a minha participação. Logo me enfureci. Tomei o microfone e, enquanto todos desciam do palco e se retiravam pelo túnel do campo, puxei o coro de uma canção juntamente com todo o estádio:

– A minha fé é poderosa pela graça de Jesus. E o demônio vai saindo... porque não resiste à luz! Sai! Sai! Sai!

As arquibancadas se agitaram. Passei a pregar sobre a qualidade de crença que provoca a manifestação de Deus. E, num ímpeto de fé, ainda tomado pela indignação de ser vítima de uma armação desleal, afirmei que aquela emissora de TV seria nossa. Disse categoricamente que Deus iria colocá-la em nossas mãos.

Apesar de todo o constrangimento sofrido, meses mais tarde, perdoei o pastor Fanini. Quatro anos depois daquele dia no Maracanã, em fevereiro de 1993, a TV Rio foi adquirida por membros da Igreja Universal, hoje transformada na TV Record do Rio de Janeiro, uma das principais emissoras próprias que compõem a Rede Record.

O inesperado

Nos dias seguintes à ligação de Paulo Roberto Guimarães para minha casa, em Nova York, eu compreendia a chance de ver cumprida uma profecia dita ao longo de todo meu ministério como pregador da Palavra de Deus. Para não perder a oportunidade de comprar a Record, era preciso agir com inteligência e rapidez.

Mergulhada em grave crise financeira, a emissora estava a um passo da falência. Os donos na época, o empresário e apresentador Silvio Santos e a família Machado de Carvalho, administravam a Record com muitas dívidas. O rombo era grande: a empresa faturava 2,5 milhões de dólares por ano e acumulava 20 milhões de dólares em contas a pagar. No fechamento do balanço do ano de 1989, a Record não sobreviveria. Quem nos revelava esses dados era Demerval Gonçalves, homem de confiança do Grupo Silvio Santos na época e responsável pela venda, hoje executivo da Rede Record.

Eu era informado o tempo todo sobre o surgimento de diversos novos interessados na televisão. Vários grupos de comunicação do Brasil e do exterior disputavam a Record. A lista era grande, mas eu tinha confiança no desejo nascido dentro de mim, como afirmou o apóstolo Paulo: "Porque Deus é quem efetua em vós tanto o querer como o realizar, segundo a sua boa vontade" (Filipenses 2.13).

Voltei às pressas de Nova York para o Brasil e logo convoquei uma reunião com o pastor e ex-deputado federal Laprovita Vieira, o mesmo que me acompanharia no dia da minha prisão, três anos mais tarde.

– Eu gostaria que o senhor fosse para São Paulo comprar a Record. Vai em frente e feche negócio, seu Vieira – pedi, secamente. – Posso contar com o senhor?

Ele parece ter levado um susto.

– Comprar a Record?... A Record, né?... Tudo bem... Bispo, pode contar comigo – respondeu-me, com tom de voz de quem tinha acabado de ouvir algo absurdo.

No encontro com Demerval Gonçalves, na antiga sede da emissora, na avenida Miruna, no bairro paulistano de Moema, seu Vieira se apresentou como interessado na compra da Record. Eu pedi para ele ser enfático:

– Quero comprar a emissora e pronto – disse seu Vieira para Demerval.

As negociações evoluíram rapidamente. A proposta agradou aos sócios da Record, que marcaram uma reunião na casa de Silvio Santos. Foi a primeira de uma incansável rodada de discussões. Eu sabia que, se aparecesse logo de imediato, a negociação seria superfaturada ou desfeita possivelmente por preconceito. Tudo poderia ir por água abaixo.

Por isso, seu Vieira comparecia em todas as reuniões com um maço de cigarro à mostra no bolso da camisa. Ninguém desconfiou que era eu quem estava por trás de uma compra tão importante. Eu tinha em mente aparecer somente em caso extremo.

E essa situação limite surgiu, após o fechamento do negócio, quando não conseguimos recursos para pagar a segunda metade da entrada. Só havia uma solução: renegociar a dívida com Silvio Santos. O encontro aconteceu no antigo escritório do apresentador, na rua Jaceguai, na Bela Vista, em São Paulo.

Juntos, Silvio, seu sócio e seu Vieira, além dos advogados das duas partes. No meio da reunião, surge um impasse. Todos discutiam novos prazos e valores, sem nenhum acordo à vista. Foi, então, que me levantei de uma das poltronas do escritório e disse:

– Já podemos parar com a discussão. Eu sou o bispo Macedo. Sou eu quem estou à frente da compra da Record. Vamos resolver de uma vez por todas essa situação. Como vamos fazer? – perguntei.

O representante de Silvio Santos disse o valor.

Eu respondi, na fé:

– Não tem problema. Negócio fechado!

Estava impaciente com o andamento da transação. Tinha ido disfarçado como motorista de seu Vieira para bater o martelo em caso de emperrar o negócio. Achei que se me identificasse resolveria o problema. Sempre em espírito de oração, confiante que Deus estava à frente da situação por inteiro.

Ainda assim, o acordo não ocorreu. Na mesma semana, Silvio Santos afirmou estar arrependido, mas estava preso ao sinal depositado por seu Vieira na Justiça e pressionado para zerar as dívidas da Record.

Foi quando os advogados me ligaram em casa, durante a madrugada, com uma resposta negativa para um novo pedido de renegociação, contado no início deste livro. No dia seguinte, ao sair do escritório da Rádio Copacabana, onde dobrei meus joelhos para uma decisão com Deus, procurei seguir minha rotina na igreja. Mas era impossível. A calculadora era o símbolo do pavor.

Decidi procurar Silvio Santos pessoalmente para renegociar a dívida. Quando recebeu o recado, ele endureceu mais uma vez. Não aceitou, de início, e disse que, se fosse o caso, devolveria o dinheiro já pago para ter a Record de volta. A conversa se estendeu por horas.

– Se tiver de devolver o dinheiro, eu devolvo e fico com a emissora – disse-me Silvio.

– Não quero o dinheiro de volta. Não quero o seu dinheiro. Quero quitar a dívida. Quero renegociar o restante do pagamento – respondi.

Nossas condições continuavam cada vez mais enxutas. A situação econômica estava, dia após dia, mais e mais apertada. A imprensa já publicava que a venda da Record estava suspensa por falta de pagamento do acordo de aquisição, prevista na carta de intenções assinada por seu Vieira. E que a então direção da empresa só enviaria a documentação de transferência ao Ministério das Comunicações depois que o negócio fosse oficializado, com o pagamento das quantias combinadas.

Uma guerra espiritual se levantou. Quando minha participação na compra da Record se tornou pública, os ataques se intensificaram. O tom de discriminação dominava o noticiário. Havia uma clara tentativa de me asfixiar com processos e intimações atrás de intimações. Começaram a vasculhar minha vida, minha família. Mas nunca, nada era comprovado.

Não imaginava que viveria o inferno a partir do dia em que decidi comprar a Record. Os ataques vinham de todos os lados. Parecia um complô para impedir que eu conseguisse algo maior que futuramente transformaria a nossa história. Era uma batalha espiritual para impedir que milhões de pessoas fossem resgatadas das trevas.

Mas como pagar tantas dívidas? De onde viria o nosso socorro? Quem nos protegeria? A oração e o choro passaram a ser minhas expressões diárias. Nem Ester sabia ao certo o tamanho do buraco no meu peito.

Em alguns cultos, mal conseguia pregar. Eu subia no altar e apenas derramava minhas lágrimas para Deus. Quase não havia forças para clamar. Passava minutos, paralisado, olhando para o tamanho das contas. Recorria à Bíblia para buscar uma solução. "O Senhor é justo, ele não comete iniquidade; manhã após manhã, traz ele o seu juízo à luz; não falha" (Sofonias 3.5).

Ele não falharia. Eu necessitava encontrar uma saída. A situação era extrema. A oração na Rádio Copacabana. O desabafo com Deus. A espera interminável. As profecias, enfim, se cumpririam?

Um dia após a posse do presidente Fernando Collor de Mello, uma sexta-feira, meio da tarde, pontualmente no dia 15 de março de 1990, o fiapo de uma luz gigantesca. O plantão de notícias na televisão anunciava, ao vivo, o lançamento do Plano Collor. Foi o mais ambicioso e drástico pacote econômico criado para vencer a inflação. Um plano tão radical em suas medidas e tão doloroso no bolso de quem possuía algum dinheiro guardado no banco.

Quem tinha uma importância superior a 50 mil cruzados novos, equivalente hoje a cerca de 4 mil reais, depositada nas cadernetas de poupança e nas contas correntes, teve o dinheiro confiscado. Foi a parte mais chocante das mudanças na economia, que não produziram nenhum resultado no futuro, a não ser tragédias no cotidiano da população. Do dia para a noite, milhões de brasileiros ficaram sem dinheiro até para tratar de doenças. As consequências para muitas famílias foram irreparáveis, com mortes, desempregos e até casos de suicídios.

O pacote econômico, que se transformou em terror para a maioria dos brasileiros, virou alívio para mim. É claro que lamento o sofrimento e a perda de cada vítima do Plano Collor. Eu também me indignei com a tortura sofrida pelo povo, mas toda essa conturbação me representou algo diferente.

Silvio Santos e seu sócio estavam ainda mais sem condições para pagar as dívidas da Record, o que os obrigou a um acordo urgente. Os credores ameaçavam pedir a falência da empresa. O dinheiro estava preso na Justiça e seria liberado apenas com o contrato em vigência.

Dias após o fechamento desse acordo, outra notícia surpreendente: os advogados me informaram que o plano havia provocado uma queda no valor das prestações devido à brutal desvalorização do dólar. As parcelas de compra da Record, baseadas na cotação da moeda estrangeira, despencaram. As dívidas, antes exorbitantes, desabaram naquele dia.

Parecia inacreditável. Refiz as contas. Elevei meu pensamento a Deus. Agradeci.

Começamos a pagar as prestações com enorme facilidade, a ponto de quitar até três em um único mês. Antes de 1992, nossa dívida estava integralmente paga. A Record era nossa.

Como explicar o tamanho dessa incrível reviravolta? Como tudo aconteceu? Cada um acredite no que desejar. Eu tenho certeza absoluta de que foi a ação de Deus.

E hoje, mais importante que sermos proprietários do segundo maior grupo de comunicação do Brasil e um dos maiores do mundo, foi a experiência espiritual adquirida em um caminho de tantas lutas espinhosas. O Espírito Santo nos guiou em toda a travessia, por mais fraqueza que imaginei sentir naquele momento. Enquanto existisse alguma pontinha de esperança na providência dos homens, eu não seria salvo do precipício. O milagre começou dentro de mim.

A fé trouxe à existência o irreal.

O impossível aconteceu.

CAPÍTULO 2

UMA JORNADA DE DESCOBERTAS

"Àquele que é poderoso para fazer infinitamente mais do que tudo quanto pedimos ou pensamos, conforme o seu poder que opera em nós."

(Efésios 3.20)

Círculo gigante

Os olhos de todos acompanhavam o movimento das minhas mãos. Eu entrei em silêncio e fui direto para a lousa. Era uma aula magna da recém-inaugurada Faturd, a Faculdade de Teologia da Igreja Universal, que funcionava em um antigo prédio na Zona Norte do Rio de Janeiro, onde tudo começou.

Após meus cumprimentos, risquei um ponto minúsculo com o giz branco. A curiosidade dos alunos aumentou. Eles olharam um ao outro com expressão de dúvida. Segurei novamente o giz e desenhei um círculo grande em torno do pequeno ponto.

– Vocês sabem o que é isso? – perguntei, desejando intrigar.

Ninguém arriscou uma resposta. E logo completei:

– Essa é a Igreja Universal. Hoje somos um pontinho, mas amanhã seremos esse grande círculo. Vocês podem acreditar nas minhas palavras. Isso vai acontecer!

E dei início a uma aula sobre a importância de acreditar no impossível, acima de dogmas e doutrinas religiosos, como ensina a Palavra de Deus. Assim como aconteceu na história da aquisição de emissoras de televisão e rádio, a expansão fora do comum da Igreja Universal do Reino de Deus pelo Brasil e o mundo foi determinada quando sequer havia 20 pessoas no coreto ou nos cultos da antiga funerária.

Fé, segundo a Bíblia, é algo que provoca o raciocínio: "A fé é a certeza de coisas que se esperam, a convicção de fatos que se não veem" (Hebreus 11.1). Sabia o que eu queria e o que seria unicamente pela confiança irrestrita no mesmo Deus de Abraão, Moisés e Josué. Não era simples bravata. Eu sempre persisti no cumprimento das promessas bíblicas.

– Nossa Igreja será grande, porque Deus é grande. Eu não aceito crer em um Deus tão grande e poderoso e ver Sua obra mirrada, amarrada, sem crescimento. Esse trabalho vai longe – pregava, em reuniões com público capaz de contar nos dedos das mãos.

Do altar, eu avistava nove, dez fiéis e determinava que pregaria para milhões de pessoas em todo o planeta. Era firme nas minhas convicções também com os primeiros pastores. Certa manhã de segunda-feira, reuni os principais responsáveis da Igreja no segundo andar do templo da Abolição e, após nossa meditação no Evangelho, fui categórico. Naquele tempo, éramos um grupo muito reduzido.

– Sabe, é muito bom estarmos juntos. Vocês são a nossa família. Por isso, temos prazer nesses momentos de encontro e união – afirmei, feliz.

Em seguida, concluí:

– Uma pena que daqui pouco tempo isso não será mais assim. A Igreja Universal vai crescer tanto, que mal conseguiremos nos falar, mal conseguiremos nos encontrar. Esse tipo de encontro será raro.

Muitos desses pastores, de fato, agora espalhados por vários continentes, guardam até hoje as palavras daquela manhã. Essas mensagens idealistas e de ousadia não foram expressas por virtude própria ou uma capacidade superior, mas porque a minha inteligência não me permitia crer no Criador dos céus e da Terra sem ter uma resposta do tamanho dessa grandeza.

Eu não sou um super-humano.

Esse pensamento produzia dentro de mim um espírito de revolta que me acompanha dia e noite e que vai seguir comigo até o último suspiro de vida. Isso está no meu sangue.

Eu buscava transmitir isso para todos ao meu redor, de maneira clara e enfática. Era essa fé que tinha me feito renunciar, contra tudo e contra todos, à segurança e aos benefícios de um emprego público para me dedicar ao altar. Que havia me feito vencer o derrotismo em outras denominações evangélicas, cujos líderes não acreditavam em mim. Que havia me feito vencer a doença em Viviane, minha filha tão querida. Que havia me feito ultrapassar os limites do coreto e encontrar uma antiga funerária. Que havia me conduzido a um encontro com Deus. Ao batismo com o Espírito Santo. À paixão pelas almas. A um novo sentido de vida. Que havia me feito chegar onde nunca havia chegado.

Eu não tinha nada a perder.

Desde o início, a minha dedicação à Igreja passou a ser de 24 horas, incansavelmente. Logo me mudei para um pequeno apartamento, ao lado da antiga funerária, para facilitar os atendimentos espirituais de plantão. Dei tudo de mim o tempo inteiro. Fazia reuniões pela manhã, de tarde e à noite.

Orientava dezenas de pessoas por semana, centenas por mês, antes e depois dos cultos, e em visitas às residências e aos comércios dos fiéis. Nossas idas também se estendiam aos hospitais, morros e comunidades carentes, espalhando orações e mensagens de fé simples e objetivas. Sempre entendi que as pessoas eram mais importantes do que tudo.

Ainda assim, a Igreja não cresceu de imediato. Muitas vezes, eu entrava nas reuniões cabisbaixo, de olhos fechados. Alguns cultos, no meio do dia, juntavam somente quatro ou cinco pessoas. Eu recorria a uma promessa bíblica para enxergar o invisível.

– Jesus disse: "Onde estiverem duas ou mais pessoas reunidas em meu nome, Eu estarei presente" – anunciava, logo de imediato. – Jesus está aqui entre nós. Vocês creem? – perguntava, convidando os poucos presentes a uma rápida prece de mãos dadas.

Dessa maneira, em pé, diante do púlpito, realizei algumas das minhas melhores reuniões. Ouvia os dilemas de um a um e determinava a resposta de Deus.

Assim, a Igreja foi crescendo. Avançamos com os eventos em cinemas e praças públicas por outros bairros do Rio de Janeiro. Passava a madrugada com os demais voluntários imprimindo panfletos no mimeógrafo que, ao longo do dia, eram distribuídos nas ruas e centros de comércio. Desenvolvemos um cuidado pessoal na formação de pastores e evangelistas. Eram poucos, o que facilitava um acompanhamento mais personalizado.

A fé é como um raio. Acontece repentinamente na velocidade de um piscar de olhos. E golpeia o mal com uma força fora do comum.

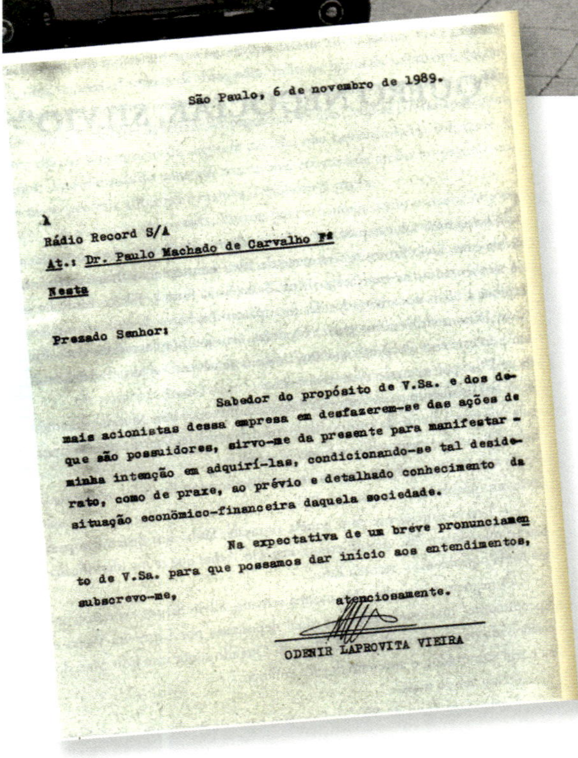

São Paulo, 6 de novembro de 1989.

À
Rádio Record S/A
At.: Dr. Paulo Machado de Carvalho Fº
Nesta

Prezado Senhor:

Sabedor do propósito de V.Sa. e dos demais acionistas dessa empresa em desfazerem-se das ações de que são possuidores, sirvo-me da presente para manifestar minha intenção em adquirí-las, condicionando-se tal desiderato, como de praxe, ao prévio e detalhado conhecimento da situação econômico-financeira daquela sociedade.

Na expectativa de um breve pronunciamento de V.Sa. para que possamos dar início aos entendimentos, subscrevo-me,

atenciosamente.

ODENIR LAPROVITA VIEIRA

A carta de intenções para a compra da Rede Record, em 1989: a emissora mais antiga em atividade transformada na segunda maior televisão do Brasil.

A negociação com Silvio Santos marcou o início de uma série de ataques, sem dúvida um dos momentos mais difíceis da minha vida.

TV TUPI

Em 1978, comecei uma pioneira jornada com o programa "O Despertar da Fé" na extinta TV Tupi. No "Painel da Verdade" apresentei depoimentos jamais vistos. E um vinil que marcou época na vida de muitos fiéis.

No início de minhas pregações, contei com a preciosa ajuda de mulheres evangelistas, as Missionárias do Lar, que também distribuíam panfletos e contribuíram para o crescimento da igreja.

Igreja Universal do Reino de Deus
SEDE: Av. Suburbana, 7.258 – Tel 269-6945
Rio de Janeiro – CGC 29.744.778/0001-97

(MISSIONÁRIA) MEMBRO

NOME Bebiana Moreira Affonso

Igreja Jacarepaguá Inscrição N.º 002

Igreja Universal do Reino de Deus
Assinatura do Pastor
Diretor-Presidente

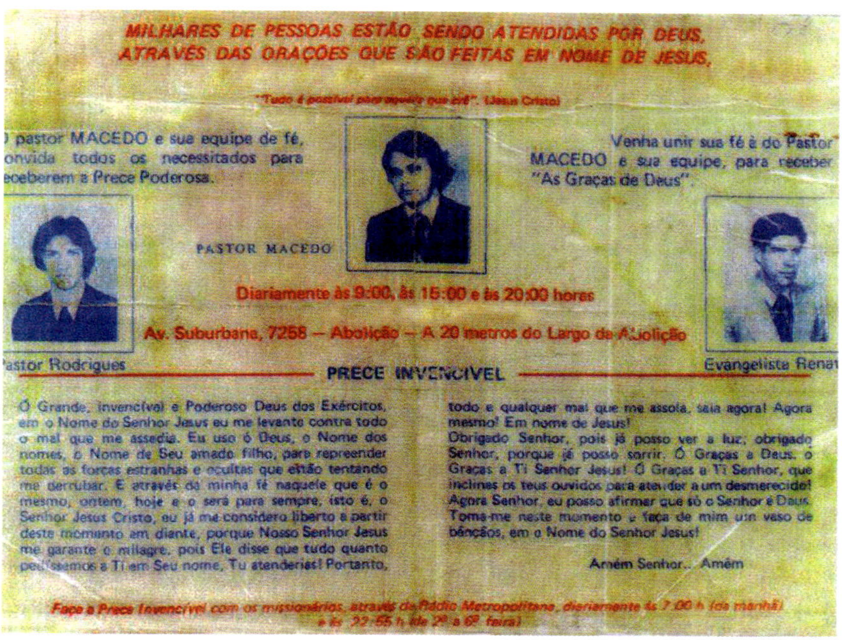

MILHARES DE PESSOAS ESTÃO SENDO ATENDIDAS POR DEUS, ATRAVÉS DAS ORAÇÕES QUE SÃO FEITAS EM NOME DE JESUS.

"Tudo é possível para aquele que crê". (Jesus Cristo)

pastor MACEDO e sua equipe de fé, onvida todos os necessitados para eceberem a Prece Poderosa.

Venha unir sua fé à do Pastor MACEDO e sua equipe, para receber "As Graças de Deus".

PASTOR MACEDO

Diariamente às 9:00, às 15:00 e às 20:00 horas

Av. Suburbana, 7258 – Abolição – A 20 metros do Largo da Abolição

astor Rodrigues

Evangelista Rena

PRECE INVENCÍVEL

Ó Grande, Invencível e Poderoso Deus dos Exércitos, em o Nome do Senhor Jesus eu me levanto contra todo o mal que me assedia. Eu uso ó Deus, o Nome dos nomes, o Nome de Seu amado filho, para repreender todas as forças estranhas e ocultas que estão tentando me derrubar. E através da minha fé naquele que é o mesmo, ontem, hoje e o será para sempre, isto é, o Senhor Jesus Cristo, eu já me considero liberto a partir deste momento em diante, porque Nosso Senhor Jesus me garante o milagre, pois Ele disse que tudo quanto pedíssemos a Ti em Seu nome, Tu atenderias! Portanto, todo e qualquer mal que me assola, saia agora! Agora mesmo! Em nome de Jesus!

Obrigado Senhor, pois já posso ver a luz; obrigado Senhor, porque já posso sorrir. Ó Graças a Deus, o Graças a Ti Senhor Jesus! Ó Graças a Ti Senhor, que inclines os teus ouvidos para atender a um desmerecido! Agora Senhor, eu posso afirmar que só o Senhor é Deus. Toma-me neste momento e faça de mim um vaso de bênçãos, em o Nome do Senhor Jesus!

Amém Senhor... Amém

Faça a Prece Invencível com os missionários, através da Rádio Metropolitana, diariamente às 7:00 h (da manhã) e às 22:55 h (de 2ª a 6ª feira)

palavras, a singela homenagem de PLENITUDE.

O bispo Paulo Roberto Guimarães foi o responsável pelo trabalho evangelístico na Bahia, que começou na rua do Tijolo: na época, um lugar sujo e cheio de violência.

Dias depois do seu casamento, em 1979, o saudoso bispo Renato Maduro foi enviado para Juiz de Fora, Minas Gerais, inaugurar um dos nossos primeiros templos fora do Rio de Janeiro.

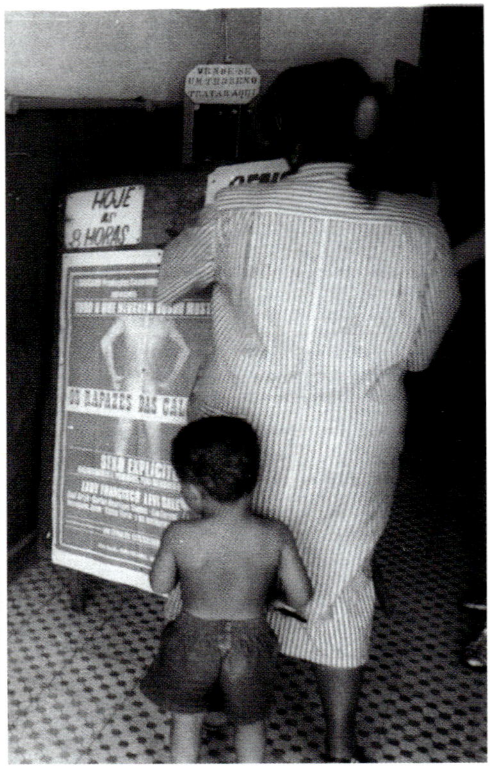

Com o crescimento da Igreja, passamos a ocupar salas de cinema que exibiam filmes pornográficos. Abaixo, carteirinha do curso de formação teológica da IURD, a Faturd.

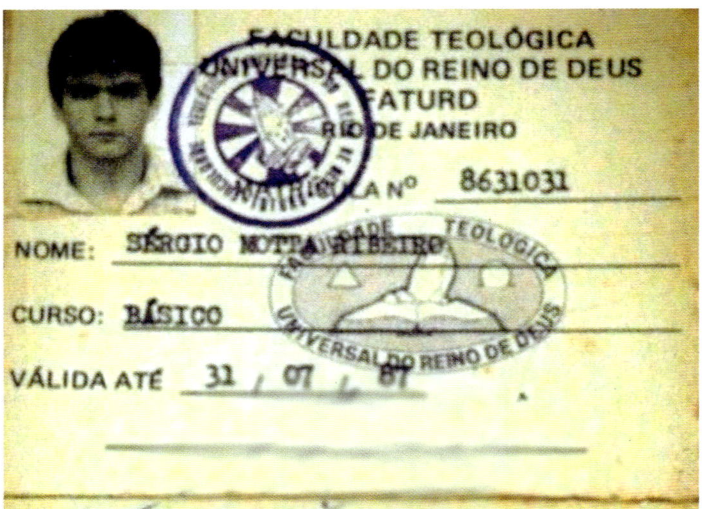

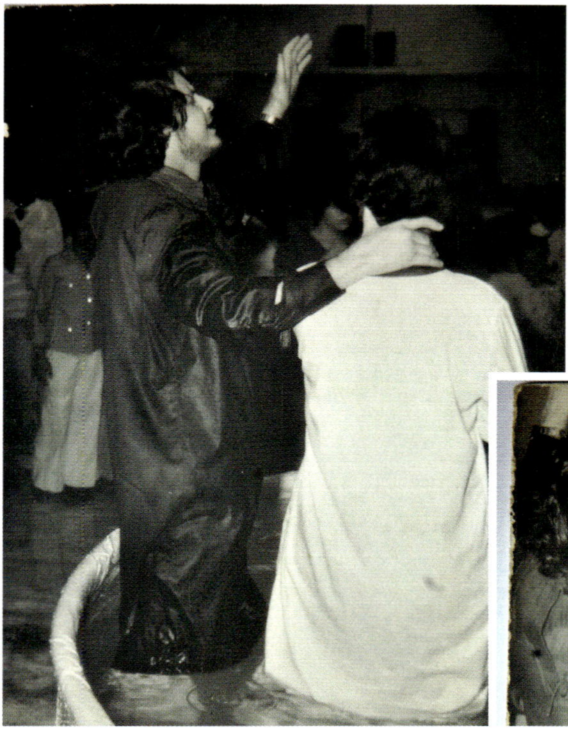

A pequena piscina de plástico na Abolição serviu para batizar inúmeros novos convertidos, inclusive minha querida mãe.

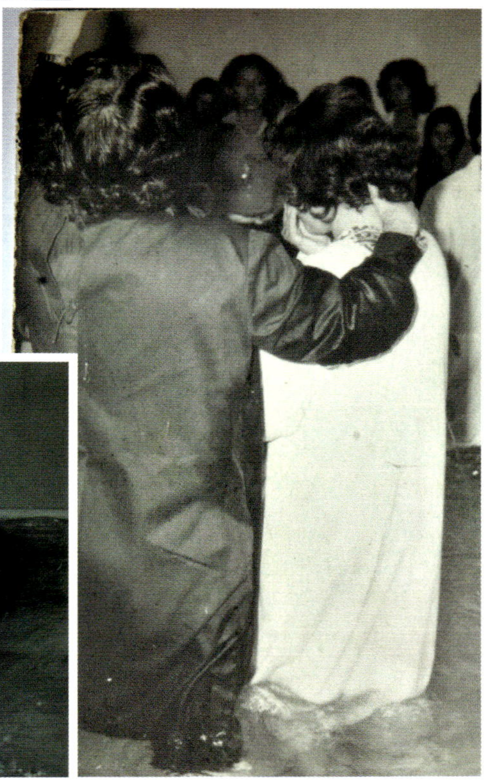

Igreja Universal do Reino de Deus

Certificado de Batismo

Certificamos que

como prova da sua fé em Nosso Senhor Jesus Cristo, foi batizado(a) nas águas, estando a partir desta data em plena comunhão com esta Igreja.

Rio de Janeiro,

Batizando(a)

pastor

Aspecto do interior do Templo, durante uma Reunião

Em pouco tempo de trabalho, o simples galpão da antiga fábrica de móveis na Avenida Suburbana, no Rio de Janeiro, passou a ser conhecido como a "Igreja dos Milagres".

Os cultos na Abolição aglomeravam tanta gente que, com o calor, chegava a escorrer água pelas paredes.

Antiga Igreja em Abolição - RJ

Desde os primeiros dias a minha dedicação à igreja passou a ser 24 horas por dia, incansavelmente, e até hoje é assim.

IGREJA UNIVERSAL
DO REINO DE DEUS

Sacrifiquei a casa que havia construído em Petrópolis para realizar um grande sonho: a compra da Rádio Copacabana.

O Despertar da Fé

A RÁDIO COPACABANA É NOSSA!

UNIVERSAL GANHA MOÇÃO DE APLAUSOS

Evento no Maracanã na abertura da antiga TV Rio: em um ato de fé afirmei que a emissora seria nossa.

Eu e minhas meninas dançando durante um culto na Igreja. Ester sempre foi a base sólida da nossa família.

Renunciei ao prazer de estar mais próximo de minhas filhas pequenas em nome de uma fé que todas abraçaram: nossa família está no Altar.

Foi um trabalho de formiga. Entrevistava no altar quem conseguia uma experiência de milagre ou recuperação de vida. Todos assistiam surpresos. As histórias se espalhavam. Os frequentadores convidavam outras pessoas, e outras e outras. E o povo se multiplicava. Todos queriam descobrir o segredo da fé capaz de fazer tudo novo.

– Nós precisamos acreditar em nós mesmos antes de mais nada. Se você crê em Deus, mas não acredita em si mesmo, sua crença em Deus não vai funcionar. Pense comigo: se crer em Deus, pura e simplesmente, funcionasse, o mundo seria uma maravilha. Não existe outro caminho para o seu sucesso: você tem de crer em Deus e em si mesmo. O Espírito de Deus não trabalha sozinho. Ele precisa de parceiros neste mundo para operar Suas maravilhas. Ele precisa que você creia nEle e em si mesmo. Essa aliança torna possível os impossíveis. Você tem de acreditar em si próprio. Esse é o primeiro passo para viver pela fé no Deus de Abraão, de Isaque e de Israel – ensinava nos cultos.

Assim, vivendo o que eu pregava, consegui resistir às dúvidas lançadas contra o nosso empenho inicial. Alguns parentes, principalmente meu cunhado, Romildo Ribeiro Soares, diziam sempre que não ia dar certo. Eu não olhava para nada, seguia em frente. Soares começou a Igreja comigo porque desejava fazer o trabalho crescer velozmente com a importação de pastores de outras denominações. Muitos, desempregados, sem comprometimento ou com um mau casamento. Isso jamais daria certo.

Sabia que o segredo era formar discípulos, gente nascida no seio da própria Igreja, resgatada pela fé que eles abraçariam a partir de então. Era preciso crescer com sustentação. Não aceitaria jamais pastores sem ainda terem sido espiritualmente libertos. Era preciso dar tempo ao tempo para conquistar qualidade. É claro que essa diferença de pensamentos resultou na separação do nosso trabalho com o meu cunhado, como descrevo em detalhes em *Nada a perder 1*.

A antiga funerária tinha espaço para 225 pessoas nos bancos, mas, em alguns cultos, já lotava com mais de 400 fiéis. As filas para aconselhamento, enormes, cruzavam os corredores. Passava horas, às vezes, apenas dedicando atenção a uma única pessoa. Eu comprava a briga de cada um, com orações e orientação à luz da Palavra de Deus. Muitos suplicavam socorro na janela de casa durante a madrugada. Ao voltar do culto, esgotado, preparando-me para dormir, era chamado para prestar ajuda. Foi assim com a irmã de uma moça moradora de uma rua vizinha.

– Pastor, acorde! Pelo amor de Deus, minha irmã manifestou com um encosto assustador em casa. Ela está fora de controle. Me ajude! – implorou a jovem.

Ao entrar na casa, a cena de um filme de horror. A mulher, aparentando meia-idade, estava completamente transtornada. O corpo um pouco curvado, as mãos dobradas e os olhos virados. A voz tinha engrossado. Era possível ouvir seus risos diabólicos de longe. No chão, a Bíblia toda rasgada. Pessoas de outras denominações haviam tentado socorrer a mulher colocando a Bíblia sobre sua cabeça. Em vão: o espírito imundo tomou a Bíblia e picou como se fosse confete. Ela voltou a si logo após nosso embate implacável contra o mal.

Eu aprendi com o povo ouvindo por vários anos as angústias de quem sofria. Cada atendimento era uma nova lição. Aprendia algo distinto, diariamente, na conversa com os desesperados, o que me inspirou a dividir as reuniões, em cada dia da semana, para atender um tipo de necessidade. Parecia a melhor forma para canalizar a fé de quem buscava um determinado objetivo, sempre priorizando os cultos pela salvação da alma nas noites de quarta e nas manhãs e tardes de domingo.

Essa explosão de gente aconteceu após a divulgação maciça do trabalho de libertação espiritual da Igreja Universal, nos meses de nosso primeiro programa de rádio, ainda no Rio, como vamos descobrir algumas páginas à frente. Os desafios aos espíritos abriram os olhos de quem vivia refém da ação perversa das entidades. A antiga funerária passou a ficar pequena, com gente se espremendo na calçada. As principais reuniões estavam abarrotadas.

A fama da Igreja se espalhou.

Os fiéis aguardavam a hora da pregação na sexta-feira. Sempre elaborava uma espécie de interpretação teatral descontraída como técnica para reforçar o foco da mensagem. Um dia, o então jovem pastor Manoel Francisco da Silva, um dos bispos mais antigos da Universal, apareceu de saia no altar. Ele fazia o papel de um espírito conhecido como "pomba-gira". O detalhe das pernas cabeludas fez a igreja sacudir de riso.

Criamos o trabalho evangelístico "missionárias do lar", formado por mulheres que passavam a semana prestando apoio aos mais novos no caminho da fé. Muitos se debilitavam diante dos embaraços do dia a dia e, sem a mínima demora, eram amparados por esse grupo voluntário. Isso foi fundamental para consolidar um corpo firme de novos membros. Em diversas situações, um abraço, um sorriso ou um simples "não desista, Deus é com você" ajudaram a fortalecer os iniciantes.

Todos, cada um com um pouquinho, contribuíam para pagar nossas despesas.

– Os gastos da Igreja eram contados para não atrasar o aluguel no fim do mês. O então pastor Macedo era muito exigente no cumprimento dos pagamentos. Ele não gostava de dever nada – relembra Solange Guimarães, uma das nossas primeiras funcionárias administrativas e esposa do bispo Paulo Roberto Guimarães, também um dos pioneiros da Universal.

– Quando conseguimos oferta suficiente para pagar o aluguel do mês, em uma única reunião, foi uma alegria inesquecível. Compramos refrigerante e pão doce para festejar – conta Solange. – Parece pequeno, mas foi uma conquista marcante para um início tão difícil.

O calor da Igreja envolvia todos. Ao final das vigílias, já no meio da madrugada, nos uníamos para lavar os banheiros e o salão do templo. O mutirão tinha meia dúzia de auxiliares. Ester e eu estávamos sempre próximos. Mesmo com nossa inexperiência, havia muita sinceridade em ajudar o povo. Um trabalho tão pequeno, mas feito com um amor tão grande. Creio que o Espírito Santo viu aqueles momentos profundos de dedicação, carinho e respeito por essa obra.

Em cada atividade, desenvolvida por mim e pelos demais voluntários, havia pureza e renúncia, como existe até hoje.

Situações não vistas por ninguém. Horas em que cada um se debruçava sobre certa atividade, muitas vezes sozinho, naquele velho e abafado prédio da funerária.

Tenho certeza de que a Igreja Universal é hoje resultado de tanto zelo e afeto.

Uma manhã no cemitério

Tempos depois, uma tragédia mexeu comigo e com a Igreja. Um jovem pastor de Realengo, chamado Júlio Cezar Gomes, de 23 anos, atravessou o subúrbio da cidade transportando as contribuições financeiras do nosso povo. Era um rapaz esforçado, trabalhador e muito dedicado à causa do Evangelho. Tinha nascido em uma família humilde, atormentado pela depressão, e sido recuperado pelo poder da fé. Nossa igreja em Realengo tinha pouco tempo de existência, mas, pouco a pouco, crescia vencendo as dificuldades comuns àquela época.

No meio do trajeto, já dentro do ônibus, um assalto surpreendeu os passageiros. Júlio Cezar se espantou. O receio de perder as doações, carregadas dentro de uma maleta envolta nos braços, aumentou seu desespero. O ladrão anunciou o assalto novamente. Um a um, o bandido foi juntando carteiras, relógios, anéis e outros objetos de valor.

Em uma reação inesperada, o pastor Júlio protegeu a maleta. O ladrão não pensou duas vezes e atirou. O pastor respirou por mais alguns momentos e desfaleceu. Ele chegou a ser socorrido com vida, mas morreu no hospital. Morreu praticamente abraçado às ofertas e aos dízimos do povo.

O sangue do pastor foi derramado para proteger o sangue da Igreja.

O crime me chocou. Nosso pequeno templo de Realengo entrou em luto. Naquela noite, refleti sobre a atitude daquele pastor. É claro que jamais recomendamos a ninguém reagir em qualquer tentativa de assalto. A Bíblia nos ensina a "vigiar e orar" (Efésios 6.18), é óbvio, mas a vontade daquele rapaz de proteger a oferta do povo mexeu comigo.

Essa sempre foi a direção do Espírito Santo à Igreja Universal: a compreensão da santidade da oferta deixada na Casa de Deus. O dinheiro colocado no altar é tão santo quanto a própria Bíblia. Tão santo quanto o próprio Deus. Ele representa a oferta de Deus para o mundo: Seu Filho Jesus Cristo.

No dia seguinte, decidi ir ao enterro do jovem pastor no cemitério Ricardo de Albuquerque, na Zona Norte do Rio. O corpo havia sido velado durante toda a madrugada. Ao entrar, avistei os familiares entristecidos, os colegas pastores e os membros de Realengo desolados. A cena tocou meu espírito.

Cumprimentei a todos e, na hora do sepultamento, li em alta voz um dos salmos de Davi: "Preciosa é à vista do Senhor a morte dos Seus santos" (Davi 116.15). Em seguida, tive uma reação inesperada. Chamei os demais pastores, pedi que me ajudassem a levantar o caixão bem para o alto e fiz uma oração.

Minhas palavras foram diretas com Deus:

– Meu Senhor, hoje tivemos uma baixa. Um soldado do nosso exército se foi. Que o sangue dele se multiplique em outras milhares de vidas. Milhares de homens de Deus, em todo o mundo, para pregar a Tua Palavra!

Não apenas devido a esse momento, mas o batalhão de pregadores do Evangelho, formados pela escola de fé e da vida da Universal, se multiplicou em várias partes do planeta. Hoje, somos mais de 11 mil pastores e esposas somente no Brasil. No mundo, esse número ultrapassa o dobro. Gente de raças, culturas e idiomas completamente distintos, mas sob a direção de um único Espírito, que vamos conhecer no terceiro volume de *Nada a perder*.

Eles são o nosso maior patrimônio e têm me auxiliado, desde o início, nesse longo caminho de realizações da Igreja.

Ainda na ex-funerária, o crescimento me obrigou a tomar uma decisão: deixar aquele velho imóvel e partir para um prédio maior, uma fábrica de móveis na mesma Avenida Suburbana, número 7.702, também no bairro carioca da Abolição. A inauguração definitiva do novo templo aconteceu em maio de 1980. Eu negociei diretamente com o dono, um empresário de Inhaúma.

Após a mudança, com o sucesso cada vez maior do programa de rádio, chegamos a receber mais de 300 pessoas pela primeira vez em horários até então de pouco movimento, como as manhãs de terça e as tardes de sexta-feira. Os cultos de libertação aglomeravam gente na calçada e faziam as paredes do novo prédio gotejarem. Escorria água tal o calor e a quantidade de público, mais de 1.500 pessoas. O aluguel era caro para a nossa realidade, mas aceitamos o desafio. À despesa somava-se ainda o valor da antiga funerária, que permaneceu alugada para abrigar nossa gráfica e a escola de pastores.

No início, a nova igreja da Abolição não tinha sequer batistério, a piscina em que realizamos o batismo nas águas para quem decide aceitar o Evangelho. Como centenas de pessoas, minha mãe, dona Geninha, foi batizada pessoalmente por mim numa pequena piscina de plástico. Uma doce lembrança. Foi naquele templo também que fui consagrado ao cargo de bispo ao lado de Ester.

A cerimônia ocorreu no culto de comemoração dos três anos de vida da Igreja Universal e foi uma decisão conjunta do colégio de pastores com o objetivo de nomear um responsável pelo comando administrativo e, sobretudo, pela liderança espiritual. A autoridade nos foi ratificada pelos 12 pastores consagrados daquele tempo, mais tarde também nomeados bispos devido ao crescimento da Igreja. Bispo na Universal não é um cargo vitalício e sim um cargo de confiança. E deve se enquadrar no perfil descrito no primeiro livro de Timóteo: "É necessário, portanto, que o bispo seja irrepreensível, esposo de uma só mulher, temperante, sóbrio, modesto, hospitaleiro, apto para ensinar" (Timóteo 13.2).

Na hora da consagração, um dos pastores relatou fatos marcantes do meu ministério como pastor e justificou a necessidade de um líder para a Igreja. Meus pais assistiram a tudo. Dobramos os joelhos para receber a unção especial. Ester e eu choramos muito.

Era a realização do sonho de servir a Deus. Como não recordar das lutas para chegar até ali? A noite em que clamei "Meu pai!" em uma humilhante reunião de pastores. A injusta cobrança de erguer uma "igreja de velhinhas". O sofrimento de ser descartado. A acusação de não ter o chamado de Deus. A vergonha. A cara no chão. O íntimo rasgado. Só o Espírito Santo e eu compreendemos aquele momento.

O altar é a minha vida.

Diploma da vida

Busquei formar nossos pastores com a criação da Faturd, inicialmente fundada no antigo prédio da funerária, logo após a abertura da igreja da Abolição. A ideia era uma faculdade capaz de proporcionar embasamento bíblico para a primeira geração de pregadores. Muitos professores eram de outras ramificações evangélicas, o que produziu alguns constrangimentos.

O ex-bispo Carlos Rodrigues e o saudoso bispo Renato Maduro foram dessa fase de experiência acadêmica e, influenciados por alguns professores, passaram a adotar métodos estranhos ao que sempre aprenderam. Certo dia, o Renato me procurou esbaforido. Ele, o Rodrigues e outros pastores sempre se juntavam nos fundos da igreja, logo após os cultos, para falar com Deus.

Em uma dessas noites, o Rodrigues encabeçou a oração com as seguintes palavras:

– Fala, Senhor (*silêncio*)... Fala, fala, fala, fala (*silêncio*)... Fala, Senhor (*silêncio maior*)...

E ficava estático, de mãos dadas com os demais pastores, como se aguardando algo acontecer. Desconfiado, o Renato abriu um dos olhos e me procurou em seguida.

– Eu não estou me sentido bem com aquele tipo de oração do Rodrigues. Aquele jeito não me traz algo positivo – ele reclamou, aborrecido.

No mesmo dia, apliquei uma severa repreensão em Rodrigues e pedi para largar o novo costume. Ele acatou na hora. Depois, me contou que havia aprendido esse tipo de doutrina em um curso pentecostal, indicado por um professor da Faturd. Ou seja, era uma tentativa de implantar o dogma de profecias dentro da Igreja Universal.

O mal das profecias, com a interpretação míope de parte dos evangélicos, começava a se espalhar já naquele tempo. Profecia, para eles, sempre foi sinônimo de adivinhação. Ao longo desse anos, recebemos inúmeras vítimas dessa praga religiosa. Gente sincera enganada por uma prática diabólica. Muitos casaram, mudaram de emprego ou de país e até se divorciaram, abandonando os próprios filhos dentro de casa, porque um "pastor profeta" afirmou adivinhar seu futuro.

Preste atenção nas práticas condenadas por Deus durante uma dura repreensão sofrida pelo rei Manassés, de Jerusalém: "[...] adivinhava pelas nuvens, era agougeiro, praticava feitiçarias, tratava com necromantes e feiticeiros e prosseguiu em fazer o que era mau perante o Senhor, para o provocar à ira" (Crônicas 33.6).

Qual a diferença entre um "pastor profeta" e uma cartomante que lê as mãos?

Patifaria! Isso me provoca náuseas!

Assim, para evitar a importação de vícios de outras instituições crentes, decidimos desativar a Faturd. O tempo provou que a decisão foi acertada. Um curso de teologia não garante a graduação de um bom pastor. Eu mesmo tenho diplomas e mais diplomas, mas isso não assegura minha qualidade como pregador do Evangelho. Esse conhecimento é importante, claro, mas não me faz um pastor mais qualificado. Tenho vários certificados pendurados na parede. Doutor em Filosofia Cristã, mestre em Ciências Teológicas, doutor em divindade, bacharel e doutor em Teologia. Mas dou pouca importância a esses títulos.

Usei meu gosto pelo ensino para ajudar mais diretamente na formação dos pastores precursores. Herdei essa paixão, talvez, pelo talento aprendido com a professora Rosa, funcionária pública que me alfabetizou na Escola Portugal, em São Cristóvão, no Rio de Janeiro.

Utilizava essa vocação para ensinar a pregar em público os ideais cristãos com empenho e verdade. Eu tentava explicar pessoalmente como se comunicar no púlpito. Procuro sempre usar exemplos fáceis e comparações simples, propositalmente com palavras menos rebuscadas.

Costumo adotar expressões usualmente não utilizadas por ninguém: "Sua vida está um cocô!". Alguém logo pensa: "Opa! O pastor falou cocô?!". Essa técnica impede a pessoa de esquecer o foco central do que foi dito. É isso o que me importa. A própria Bíblia utiliza esse recurso em uma exortação de Deus: "[...] atirarei excremento ao vosso rosto, excremento dos vossos sacrifícios e, para junto deste sereis levados" (Malaquias 2.3). Falas fortes provocam o impacto necessário para despertar a crença de quem nos ouve, digo sempre aos pastores.

Até hoje, nunca perdi esse prazer de ensinar. Sinto satisfação em passar adiante o que aprendi. Faço reuniões com meus companheiros de púlpito, invariavelmente, todas as semanas. Trato, sobretudo, de assuntos espirituais, a principal razão dos encontros. Há ainda outras reuniões, em média duas ou três vezes por ano, com os bispos que comandam a Igreja em certos países ou continentes.

São momentos dedicados à absoluta meditação na Palavra de Deus. Muitas inspirações que ajudaram a transformar a vida de milhares de fiéis saíram dessas reuniões. Antes de mais nada, penso nos próprios bispos, pastores, auxiliares e obreiros. Prezo a salvação da alma de cada um deles antes do resultado de qualquer trabalho. Repito à exaustão que jamais devemos abrir a guarda da conquista da eternidade ao lado de Deus. Não adianta ganhar o mundo inteiro e perder a própria alma. Eles conhecem a minha sinceridade e, por isso, me respeitam. Somente assim, eles reúnem condições para transmitir Espírito e não meras informações bíblicas. Passar Espírito é oferecer o que se vive. É levar fé e vida.

Meu cuidado também é com os mais novos. Antes de se tornarem pastores, os auxiliares – a maioria jovens entre 18 e 25 anos, inscritos no Iburd, o Instituto Bíblico Universal do Reino de Deus – passam por treinamentos práticos. Durante dois a três anos, assistem a cultos e absorvem experiências. Depois, são enviados como auxiliares de pastor em algum templo.

Ensino sempre a ver oportunidade e não a dificuldade. É o espírito do pastor que manda. Também alertamos sobre a disciplina moral e espiritual da Igreja. Nosso trabalho é muito sério. Ensinamos os pastores a se manterem fiéis em suas condutas de comportamento. Que autoridade espiritual tem para pregar o Evangelho um pastor que caiu em adultério, por exemplo?

Orientamos de perto os solteiros, noivos e noivas a realizarem um bom casamento, condição fundamental para o surgimento de um pastor de sucesso. Mas nem sempre isso é possível. Alguns acabam se casando levados pelas paixões do coração. Esse é um dos meus principais segredos: a construção de uma união sólida e feliz ao lado de Ester, cujas confidências serão reveladas em *Nada a perder 3*.

Organizamos um departamento com centenas de funcionários em todo o Brasil somente para auxiliar os pastores. Eles têm chance de aprender um novo idioma, morar em outro país, casar, ter uma vida digna. Cada pastor recebe moradia, assistência médica, plano odontológico e direito a lazer uma ou duas vezes por semana, além de uma ajuda de custo mensal.

Quem me dera tivesse recebido essa oportunidade.

Invariavelmente, costumam me perguntar: como administrar uma instituição gigante, com milhares de homens e mulheres espalhados por todos os cantos? Como controlar esse batalhão de gente no mundo inteiro? Como confiar cegamente em quem está isolado do outro lado do planeta? Como liderar com sucesso um contingente de seres humanos desse tamanho?

A resposta é sempre a mesma: o Espírito Santo. Não há outra explicação.

Hoje, o que mais existe no Brasil e no exterior são pastores formados em universidades renomadas, mas ignorantes na fé. Cheios de conhecimento, mas vazios do Espírito Santo, completamente ocos da verdadeira crença que transforma os angustiados.

Desde sempre, minha intenção foi colocar em prática a exortação do profeta Jeremias: "Dar-vos-ei pastores segundo o meu coração, que vos apascentem com conhecimento e com inteligência" (Jeremias 3.15). A Universal se sobressai às demais igrejas evangélicas, por direção de Deus, porque trabalhamos aliando fé e inteligência. Esse é o divisor das águas. A grande diferença entre nós e os demais. É por isso que somos um referencial. Para onde vamos, todas as demais nos seguem.

O lamentável é não encontrar nenhum líder, no Brasil ou fora, interessado em salvar almas. Eu falo abertamente isso! Esse é o motivo por que a maioria dos evangélicos não gosta de mim e da Universal. Eles sempre foram, diga-se, um dos maiores obstáculos para o nosso crescimento em diferentes partes do mundo. Eu não tenho rabo preso com ninguém. Somos livres para falar a verdade. E para isso, não é necessário bacharelado em religião ou pós-graduação em teologia.

O bom pastor é formado no dia a dia, na lida com os aflitos e necessitados, no sacrifício diário pelas almas perdidas.

Os pastores da Igreja Universal não são os donos da verdade, mas o sacrifício de vida que oferecem no altar não é comparável em nenhuma outra instituição. Vivem sem eira nem beira. Um dia acordam no interior da África e, no outro, dormem nos vilarejos ribeirinhos da Amazônia. Levam apenas a mulher, os filhos, quando os possuem, e uma mala. Mais nada.

Doam-se a uma catedral luxuosa com a mesma paixão e intensidade que a um templo de pau-a-pique. Vivem em função de quem padece, sempre com um sorriso e uma palavra de fé para erguer os abatidos. Quem liga para essa gente marginalizada, rica ou pobre, que os pastores da Universal abraça? As instituições privadas? As autoridades? Os governos?

Muitos pastores sequer tiveram a oportunidade de enterrar seus próprios pais em meio a essa batalha espiritual. Eu fui um deles. Em 27 de janeiro de 1987, não pude ir à cidade mineira de Juiz de Fora sepultar meu velho pai, Henrique Francisco Bezerra, porque estava com um processo de documentação em andamento, vital para minha pregação nos Estados Unidos. Guardo apenas as recordações de um homem íntegro, honesto e protetor de sua casa.

Mesmo com o aval da Igreja, outros pastores e bispos também não conseguiram dar um último adeus a sua mãe, a seu pai ou a outro familiar querido, porque estavam longe, dedicando a vida à Palavra de Deus. Isso não é insensibilidade ou falta de amor à família, mas a absoluta entrega da própria vida em sacrifício no altar.

Antes de criticar um pastor da Universal, pense nisso.

Cartas de socorro

Com os programas de televisão na Tupi, ainda nos três primeiros anos da Igreja, chegavam, diariamente, centenas de cartas pedindo a abertura de templos em cidades por todo o país. Eram milhares por mês. Nossa vontade era abrir 500 templos de uma vez só em todos os cantos do Brasil, mas não tínhamos condições financeiras nem muito menos pastores capacitados para isso. Foi necessário dar um passo de cada vez.

Começamos nossa expansão pelo Rio de Janeiro, mais precisamente pelo bairro de Padre Miguel, com um templo montado sob um toldo de lona em um terreno baldio, atrás de um supermercado. Não havia sequer piso cimentado. Eu passava vários dias da semana à procura de novos imóveis no Rio, mas já visionava as demais capitais brasileiras. Outras regiões fluminenses logo ganharam novas igrejas: Grajaú, Irajá, Campo Grande, Duque de Caxias e Nova Iguaçu. Centenas de pastores e obreiros foram revelados nesses lugares, no decorrer dos anos, onde conduzi pessoalmente dezenas de reuniões e vigílias especiais.

Era hora de ganhar o Brasil. A partir de 1979, dois anos depois do primeiro culto na antiga funerária, empreendemos ações simultâneas em São Paulo e Minas Gerais. O primeiro templo fora do Rio foi aberto na cidade de Juiz de Fora, poucos dias após eu ter realizado o casamento do bispo Renato Maduro. Ele e sua esposa passaram a lua de mel na cidade mineira de Caxambu, no mesmo hotel em que passei minha viagem de núpcias com Ester. Foi nosso presente de casamento para eles.

Dias depois, pedi para Renato viajar à vizinha Juiz de Fora para atender espiritualmente um dos primos de Ester, que padecia com o vício das drogas. Renato havia vencido esse mesmo mal depois de várias overdoses de cocaína e consecutivas internações em clínicas de reabilitação.

– Pastor Macedo, o lugar tem potencial para crescer. Essa cidade tem muita gente sofrida – contou-me Renato, por telefone.

A animação tinha sentido. Muitos jovens, como ele no passado, eram escravos das drogas, tormento que atingia Juiz de Fora em cheio no final dos anos 1970.

– E mais, pastor: tem uma discoteca pronta para ser alugada bem no centro da cidade. Vai dar muito certo! – completou, referindo-se à "Girafão", a mais famosa boate local, onde, nas noites de sexta a domingo, funcionava uma balada agitada e, nos demais dias da semana, passaram a ocorrer os cultos da Igreja Universal. O inusitado chamou a atenção da juventude, que começou a lotar principalmente os cultos de libertação. A maioria desejava conhecer de perto a impressionante história de superação de Renato Maduro.

Em meio à sua palestra sobre drogas, ele anunciava a salvação do Senhor Jesus. Pedi para fazer um folheto com fotos dele antes e depois do vício. Espalhamos pela cidade o convite, de um lado, com a imagem impactante do Renato depressivo, cabeludo, cadavérico e, do outro, bem-vestido, cabelos aparados, rosto sorridente. As palestras entupiram. Orações fortes aconteciam com o uso da aparelhagem de som da discoteca e no meio da pista de dança, com os globos de luz pendurados no teto.

Alguns meses depois, a boate passou a esvaziar e o dono nos ofereceu o aluguel integral do imóvel, aceito por mim na hora. Alugamos um espaço em uma rádio local e a igreja cresceu de vez. Eu mesmo fiz vários cultos ali. Hoje, temos 22 igrejas na região de Juiz de Fora, mais de 600 em todo o Estado de Minas Gerais.

Em São Paulo, quase ao mesmo tempo, a primeira Igreja Universal foi aberta em um prédio velho na Avenida Doutor Gentil de Moura, bairro do Ipiranga, região movimentada da cidade. O lugar era quente. Fervia nos cultos durante o dia e infestava de moscas à noite. Mais adiante, passamos para um templo no popular bairro do Parque Dom Pedro, reduto de ônibus vindos das mais diferentes partes da capital, e, em seguida, para um cinema falido na Avenida Celso Garcia, no quarteirão vizinho onde hoje erguemos o Templo de Salomão.

Enquanto tudo isso acontecia, eu realizava inúmeros encontros especiais em espaços alugados em cinemas do Estado de São Paulo. As afiliadas da TV Tupi tinham muita penetração no interior paulista, o que nos permitia organizar eventos lotados em Campinas, Sorocaba, Ribeirão Preto e em outras regiões. No Rio, repetíamos essa estratégia. Muitos cinemas exibiam sessões de filmes pornôs em certos dias e, em outros, recebia o nosso trabalho de fé. Cine Bruni, no Méier e na Praça Tiradentes, funcionavam assim. Em Copacabana, o antigo Cine Alasca também. Muitos desses cinemas, depois, foram transformados em sedes da Igreja Universal.

No ano seguinte, partimos para a Bahia. Eu estava na matriz da Abolição pensando qual pastor desenvolveria melhor nossa missão tão importante. Afinal, Salvador seria a porta de entrada para a Igreja Universal em todo o Nordeste. Estacionei o carro em frente ao templo de Grajaú, no Rio, onde o então pastor Paulo Roberto Guimarães dava os seus primeiros passos como pregador.

– Paulo, tem fé para ir para Salvador abrir nossa Igreja lá? – perguntei, sem rodeios.

– Tenho, sim. Eu quero servir a Deus – ele respondeu, também sem rodeios.

A mudança foi rápida. Poucos dias depois, com menos de um mês de casado, Paulo Roberto desembarcou na Rua do Tijolo, na Praça da Sé, bairro tradicional da capital baiana, bem próximo ao Elevador Lacerda, onde já havíamos conseguido um espaço alugado. O pequeno salão era um antigo depósito de lixo no subsolo de um prédio chamado Themis.

A região vivia o auge de sua degradação. Prostitutas, travestis, viciados em drogas e traficantes brigavam dia e noite por ali. Bêbados urinavam nas escadas que davam acesso ao nosso salão, espalhando um cheiro terrível no ambiente. Bem em frente, dois contêineres de lixo atraíam uma infinidade de mosquitos, baratas e até ratos. E para piorar, a igreja não tinha janelas nem qualquer outro tipo de ventilação.

Paulo Roberto conta que levou um susto e que não acreditou quando viu aquele lugar. Pensou até que não iria conseguir convencer as pessoas a conhecerem a igreja. Ele tinha apenas 20 anos, era uma experiência drástica para alguém tão jovem.

Na semana seguinte, o telefone de casa tocou.

– Pastor Macedo, esse lugar que conseguiram para nós não serve. É muito ruim, o pior local de Salvador. Estamos na boca do lixo! – disse-me, seguido de uma extensa e detalhada narração do cenário devastador.

Deixei Paulo Roberto desabafar e respondi de pronto:

– Graças a Deus, Paulo! Esse é o lugar certo. É aí que a Igreja Universal vai arrebentar. São esses tipos de pessoas que mais necessitam do Evangelho. Gente sofrida, que precisa mudar de vida!

Paulo Roberto lembra dessa conversa até hoje:

– Naquele momento, eu entendi a exata e real dimensão da obra de Deus. Eu somente cri e obedeci. Ao desligar o telefone, passei a ver aquele lugar de forma diferente. Era o lugar que Deus havia escolhido para transformar vidas como nunca havia acontecido na Bahia.

Na tarde do dia 20 de julho de 1980, inauguramos nosso primeiro templo no Nordeste com a presença de mais de mil fiéis. O salão tinha capacidade para 250 cadeiras de plástico.

Muita gente ficou para fora. A multidão, que se aglomerou até em um estacionamento em frente à igreja, veio motivada pelos convites feitos nos programas da afiliada local da TV Tupi. Além disso, foram entregues panfletos e cartazes durante várias semanas por Salvador.

Dias após a abertura, já éramos obrigados a abrir cinco reuniões diárias para atender tanto público. A maioria continuava a assistir aos cultos de pé. Só havia um banheiro para homens e mulheres e a falta de ventilação tornava o calor baiano ainda mais insuportável. Ainda assim, ali, em meio a tanto caos, muita gente ficou livre do passado sujo e conquistou a riqueza de um novo nascimento.

A Bahia tem hoje mais de 540 templos, 16 mil obreiros e uma quantidade incontável de fiéis. Em toda a Região Nordeste, são no total mais de 2 mil igrejas.

Um ano depois da nossa chegada em Salvador, em uma entrevista à revista *Plenitude*, em agosto de 1981, comentei sobre o nosso projeto de crescimento e minhas intenções de espalhar a Igreja por todos os cantos do país. A quantidade de pedidos por templos, enviados por meio dos nossos programas de TV, se multiplicava. Veja um trecho da entrevista:

Repórter – O senhor acha que a Igreja Universal já alcançou seus objetivos no Brasil?

Bispo Macedo – Não. Há ainda muito a fazer. Pretendemos entrar com o nosso programa de televisão até o mês de julho em todo o Brasil e, até o fim deste ano, pretendemos ter, pelo menos, uma igreja em cada estado brasileiro.

Repórter – A Universal tem condições financeiras para esses empreendimentos?

Bispo Macedo – Atualmente não. Mas temos fé e isso é o mais importante. O povo sempre ajuda quando reconhece que a obra é de Deus e, se as religiões e seitas falsas crescem e se propagam no mundo inteiro, por que uma obra de Deus, na unção do Espírito Santo, não vai conseguir isso também?

Vamos conhecer mais adiante o crescimento inigualável da Universal pelo restante do Brasil, mas antes é preciso entender uma guerra jamais vista que se levantou em nosso país. Uma batalha contra o inferno como os brasileiros nunca haviam presenciado antes.

O mal iria ser desmascarado.

Demônios existem, sim

O volume desmedido de pedidos para abertura de novas igrejas tinha uma motivação especial: a maioria desejava participar das orações de libertação espiritual. O Brasil vivia o culto exacerbado aos símbolos de veneração dos espíritos. A moda era carregar um guia ou uma figa no pescoço e arrear despachos em cachoeiras, encruzilhadas e cemitérios. As súplicas de socorro se intensificavam. Por vezes, eu passava horas lendo as cartas.

Creio que essa foi uma das principais revelações divinas no trajeto da Igreja Universal: desenvolver uma estratégia de enfrentamento feroz e direto ao mal, como nenhuma outra instituição faz no mundo. O Livro dos Atos dos Apóstolos traduz exatamente o retrato desse trabalho atual da Universal: "[...] como Deus ungiu a Jesus de Nazaré com o Espírito Santo e com poder, o qual andou por toda parte, fazendo o bem e curando a todos os oprimidos do diabo, porque Deus era com Ele" (10.37).

O diabo, os demônios e o inferno existem, sim, e atuam na vida do ser humano nos dias presentes como sempre atuaram no passado e vão continuar atuando no futuro. Eles não foram inventados por mim ou pela Igreja Universal, mas são referências claras e objetivas à disposição de qualquer leitor na Bíblia Sagrada.

As citações são tão transparentes que não deixam qualquer ponto de dúvida e estão espalhadas do Velho ao Novo Testamento.

Selecionei apenas sete breves passagens para uma reflexão profunda e neutra do leitor. Leia, sem minhas interferências, e faça suas conclusões.

O cântico de Moisés

"Sacrifícios oferecem aos demônios, não a Deus; a deuses que não conheceram, novos deuses que vieram há pouco..."

(Deuteronômio 32.17)

Conversa de Deus com Satanás

"Perguntou ainda o Senhor a Satanás: Observaste o meu servo Jó? Porque ninguém há na Terra semelhante a ele, homem íntegro e reto, temente a Deus e que se desvia do mal. Então, respondeu Satanás ao Senhor: Porventura, Jó debalde teme a Deus?"

(Jó 1.8,9)

Súplica de Davi

"Os perversos serão lançados no inferno, e todas as nações que se esquecem de Deus."

(Salmos 9.17)

A descoberta dos apóstolos

"Então, regressaram os 70, possuídos de alegria, dizendo: Senhor, os próprios demônios se nos submetem pelo Teu Nome!"

(Lucas 10.17)

Dos lábios de Jesus

"Quando o espírito imundo sai do homem, anda por lugares áridos procurando repouso, porém não encontra. Por isso, diz: voltarei para minha casa donde saí. E, tendo voltado, a encontra vazia, varrida e ornamentada. Então, vai e leva consigo outros sete espíritos piores do que ele e, entrando, habitam ali; e o último estado daquele homem torna-se pior do que o primeiro."

(Mateus 12.43-46)

Ensino do apóstolo Paulo

"Revesti-vos de toda armadura de Deus, para poderdes ficar firmes contra as ciladas do diabo."

(Efésios 6.11)

A revelação do Apocalipse

"O diabo, o sedutor deles, foi lançado dentro do lago de fogo e enxofre, onde já se encontram não só a besta como também o falso profeta; e serão atormentados de dia e de noite, pelos séculos dos séculos."

(Apocalipse 20.10)

Ainda um jovem pastor, bem no início da minha vida no altar, eu tirei as minhas conclusões.

Decidi que a Igreja Universal se levantaria contra o mal como nunca havia acontecido. Era preciso coragem, determinação e, acima de tudo, a condução do Espírito Santo. Eu havia sido chamado para isso. Não importa se me acusassem de promover lavagem cerebral ou indução de mentes. Esses espíritos são a fonte do mal e isso precisava ser anunciado de uma maneira escancarada, sem meias palavras.

Eles matam, roubam e destroem por meio da atuação no íntimo do ser humano. Eu mesmo tinha sido refém dessa escravidão maligna. Na adolescência, gemi com as experiências malsucedidas em busca da cura para uma enfermidade de pele. Uma cruz foi desenhada em parte do meu corpo dentro de um centro místico conhecido como Santo Antonio de Pádua. A situação piorou. Embora eu não manifestasse com os espíritos, havia demônios que atuavam no meu viver. A igreja evangélica onde Ester e eu fomos "criados" não possuía uma doutrina direta de combate ao mal.

Os crentes sempre tiveram medo dos demônios. Os pastores fugiam do assunto. Não havia sequer uma igreja evangélica capaz de comprar a briga de milhões de brasileiros perdidos nas trevas. Isso me incomodava, sacudia meu interior. Logo entendi a autoridade que foi dada aos verdadeiros cristãos ao meditar nas palavras do Senhor Jesus: "Eis aí, vos dei autoridade para pisardes serpentes e escorpiões e sobre todo o poder do inimigo e nada, absolutamente, vos causará dano" (Lucas 10.19).

Decidi mostrar quem era quem. Dar nome aos espíritos e desmascará-los na frente de todos, destemidamente, esculhambá-los com todas as minhas forças. A distinção era necessária. O bem e o mal. O forte e o fraco. Os filhos da luz e os filhos das trevas. Deus e o diabo.

Meu sonho era invadir o inferno para resgatar almas. Essa vontade pulsava nas minhas veias. Nada, nem ninguém, me impediria. Absolutamente nada me causaria dano. Era a promessa. Hora de provar de verdade a minha crença e o chamado de Deus. Ou era ou não era. Ou a Bíblia é verdade, Deus existe e é comigo, ou tudo em que eu cria era uma farsa. Como saber?

Eu passei a desafiar os espíritos.

A primeira declaração de guerra aconteceu em nosso programa na Rádio Metropolitana, que herdava a audiência de uma famosa atração espírita. Ao vivo, eu convocava os ouvintes a assistirem na igreja ao desafio dos deuses. O Deus da Universal contra os espíritos que provocavam doenças e sintomas de possessão e que eram anunciados ali como anjos evoluídos e de proteção.

– Eu quero ver a força da sua entidade! Traga na igreja para todos verem quem é mais forte! Se é o meu Deus ou o seu guia! – anunciava na rádio, em conversas nervosas com os ouvintes por telefone.

Muitos me ameaçavam. Diziam que os espíritos me matariam ou quebrariam as minhas pernas na frente dos fiéis. Ao chegarem na igreja, desabavam possuídos por demônios.

O Rio de Janeiro continuava infestado por despachos, que ocupavam espaços enormes em calçadas de cemitérios nos subúrbios e até de ruas de bairros nobres. Sempre surgiam ligeiras notícias de animais e até crianças oferecidos em sacrifício às entidades, mas, quase sempre, ninguém era punido. A Rede Record ainda não era nossa para denunciar tamanha depravação.

Um dos casos mais marcantes para mim, naqueles anos, foi o de um jovem carioca que comia restos mortais em cemitérios em rituais de bruxaria. O rapaz tinha me jurado de morte. Seu propósito era me matar apenas com o "poder dos olhos" e, para isso, havia se entregue com ímpeto às entidades. Ao chegar na igreja, os espíritos para quem ele "batia cabeça" caíram de joelhos. As entidades que possuíam o corpo, a mente e a alma dele foram desmascaradas diante de quase 2 mil pessoas.

Ao ser livre da atuação dos encostos, passou a contar sua história em nosso programa de rádio durante mais de uma semana. Processado por levar o depoimento ao ar na Rádio Metropolitana, eu acabei inocentado pela Justiça. Outro moço, vítima de ritual semelhante, apareceu na igreja com o corpo coberto de pequenas bolhas. No momento da oração, as feridas escorriam tanto sangue que me sujavam de alto a baixo.

A estratégia de afrontar o mal foi levada para os programas da TV Tupi. Logo, os nossos templos entupiram de gente desesperada para se livrar da atuação cruel dos espíritos. Até pastores de outras denominações evangélicas mandavam seus membros buscarem libertação na Igreja Universal. Isso continua assim nos dias de hoje.

Nossas reuniões de sexta-feira na Abolição superlotavam. Escolhemos a sexta para as correntes de libertação por se tratar de um dia em que são arreados os despachos mais agressivos. A nossa inspiração era uma direção deixada pelos ensinamentos do Senhor Jesus: "E conhecereis a verdade, e a verdade vos libertará" (João 8.32).

Certo dia, numa manhã de sexta-feira, enquanto eu pregava na antiga funerária, um dos chefes de trabalhos com espíritos entrou na igreja, silenciosamente. Sentou bem ao fundo e ficou me encarando. Agostinho Inácio da Silva tinha 41 anos e havia mergulhado nesse mundo maligno ao ser vítima de um "trabalho" sentimental da ex-namorada.

Ao se consultar, ouviu que deveria desenvolver essa capacidade mística. Era um rapaz negro, troncudo e de cara fechada, que serviu os espíritos por mais de 20 anos. Muitas consultas aconteciam dentro de sua própria casa e chegavam a reunir centenas de pessoas. Os espíritos determinavam até o que ele deveria vestir e comer. Ninguém impunha as mãos sobre sua cabeça. Ele chegava a manter relações sexuais com os espíritos no corpo de uma mulher imaginária.

– Você que tem ou teve algum envolvimento com os espíritos, por favor, venha diante do altar e feche os olhos agora – convidei, ao microfone.

Seu Agostinho, como era conhecido, se manteve no lugar com os olhos abertos. A oração iniciou e, de repente, poucos segundos depois, um grito ecoou pela igreja. Um espírito havia manifestado no corpo dele. Mesmo a distância, dei ordens para que a entidade carregasse o corpulento homem até o altar, onde eu estava.

Com os braços cruzados para trás, os dedos flexionados com força e a cabeça curvada para frente, seu Agostinho se aproximou numa disparada impressionante. Seu corpo corria em alta velocidade, como se fosse um touro incontrolável. Ele iria chocar a cabeça contra a parede do altar, com intenso impacto. De repente, a poucos centímetros do acidente, o espírito segurou o corpo dele. Era possível imaginar o tamanho da tragédia.

Enquanto recebia orações, ele se debatia e gritava ferozmente. Depois, junto com os demais pastores e obreiros, determinei sua completa libertação. Essa foi a primeira e única vez que seu Agostinho manifestou um espírito maligno após entrar na Igreja Universal.

Agora sorridente e com a expressão leve, ele se tornou um dos meus consultores para entender melhor as ações dos espíritos. Passou a ser entrevistado por mim seguidas vezes e a contar sua história de mudança no rádio e na televisão, esclarecendo dúvidas e despertando a consciência em muita gente.

Foi com o auxílio dele que, no início dos anos 1980, relatei as minhas experiências em um livro polêmico chamado *Orixás, caboclos e guias: deuses ou demônios?*, lançado oficialmente em um evento no Maracanãzinho. A obra foi publicada em português, inglês e espanhol. Em uma das edições mais recentes, a capa trazia a ilustração de uma vela acesa e inchada. Chegamos a veicular propaganda comercial nas principais emissoras de televisão do Brasil.

O livro, que já chegou a ser censurado, apenas traz a verdade cristalina e esmiuçada sobre o efeito nocivo dos espíritos malignos.

Opressão nos olhos

Gente com os mais variados e tenebrosos males entraram pelas portas da Universal. Cada pessoa trazia uma história dramática de possessão maligna. Os sintomas eram penosos. Ouvir vozes e ver vultos, feridas por todo o corpo, desmaios contínuos, alteração profunda de estado emocional, insônia e dores de cabeça sem explicação médica. Vítimas de todos os tipos de doenças físicas e emocionais.

Com a imensa procura pelas correntes de libertação, decidi criar as vigílias da meia-noite. Reuniões de orações fortes no mesmo dia e horário em que ocorriam os despachos mais pesados em todo o Brasil. O público vinha de todas as partes do Rio de Janeiro e enfrentava horas de culto em pé devido à lotação.

As paredes da igreja da Abolição gotejavam, ainda mais, com o calor da multidão aglomerada nas reuniões.

Tânia, viúva do bispo Renato Maduro, foi atendida pessoalmente por mim. Logo na primeira oração, impus minhas mãos sobre sua cabeça e chamei o espírito chefe que atuava nela e no então namorado.

– Eu apaguei. Não lembro de nada depois daquele momento. Quando soube, me perguntei o que havia acontecido. Logo eu, que era católica e nunca tinha pisado em um local onde se invocam os espíritos! – relembra ela, nos dias atuais.

Em outras vezes, a batalha contra os demônios foi renhida. O espírito no corpo de Tânia chegou a jogar um banco para o alto, atitude difícil para alguém com a estatura e o peso dela. Com a voz alterada, o espírito maligno contou tudo o que fazia em seus caminhos. Antes de um culto no dia de Cosme e Damião, Tânia discutiu com Renato e, cheia de ódio, encravou as unhas no pescoço dele. Quando terminou a reunião, subiu ao escritório onde eu me preparava para ir embora.

– Tudo bem, Tânia? – perguntei, ao ver a opressão nos olhos dela.

– Não, não está tudo bem – ela respondeu, detalhando sua reação de raiva. – Minhas mãos estão suando frio. Olha como o suor está escorrendo...

Mal ela terminou de falar, eu pulei por cima da mesa, empurrei uma cadeira no caminho e ordenei a manifestação do demônio causador de toda a angústia. O espírito gritou na hora. Em outras situações, eu era obrigado a usar os joelhos para imobilizar seus braços e evitar o choque de sua cabeça no chão. Tânia viveu um intenso processo de libertação até entregar totalmente sua vida no altar. Foi assim que ela e milhares de obreiros e esposas de pastores e bispos passaram a nos ajudar a socorrer outros reféns do mal.

Um caso muito comum sempre foi o de mães desesperadas com seus bebês convulsionados de febre. Certa noite, uma delas entrou com a criança praticamente desacordada. Tânia foi a primeira a acolher a mulher, muito pobre e humilde.

– Pastor, ela está desmaiando. Já levei minha filha em cinco hospitais, pronto-socorros, e nada. Ninguém descobre porque ela tem essa febre – contou a mãe, chorando, pouco antes da vigília da meia-noite. – Ela tem apenas oito meses. Pelo amor de Deus, me ajude!

Eu agi com decisão.

– Tânia, pegue a bebê e vá para a rua agora!

Determinei que o espírito maligno atuante na criança manifestasse na mãe no mesmo momento. O demônio veio à tona e foi arrancado pelo poder do nome do Senhor Jesus.

– Eu levei o bebê para a calçada no colo, desacordado e quente de febre. Quando voltei para a igreja, após a oração, ele estava bem. Ao ver aquele bebezinho, percebi o que é felicidade em um lar – conta Tânia.

Meus desafios continuavam na rádio e na televisão enquanto os cultos superlotavam. Decidi criar reuniões especiais batizadas de "Corrente da mesa branca". Nunca veio tanta gente nova de uma só vez. A maioria queria ver de perto o duelo entre o Deus da Igreja Universal e o deus do então famoso doutor Fritz.

Era um tempo em que muita gente buscava ajuda da chamada "cirurgia espiritual" no bairro de Bonsucesso, no Rio. Cobrava-se por cada cirurgia realizada, além da taxa de estacionamento dos carros e o aluguel de cadeiras para aguardar na fila de espera. Na igreja, eu perguntava por que o doutor Fritz não se chamava "doutor José" ou "doutor João".

– Será porque um nome alemão dá a conotação de uma raça evoluída? – questionava, ordenando, em seguida, a manifestação do espírito imundo que operava no corpo do doutor Fritz. – Aqui, o Senhor Jesus opera o invisível de fato e de verdade.

Alguns anos depois, o suposto médico tentou o suicídio e acabou respondendo na Justiça por vários crimes, entre eles exercício ilegal da Medicina, homicídio doloso, lesões corporais e omissão de socorro.

A audaciosa investida contra os espíritos, por coincidência ou não, trouxe consequências ainda naquele tempo em que escancarava a verdade. Em um domingo à tarde, quando chegava em casa, Ester foi vítima de um sequestro relâmpago. Pela janela, Cristiane notou a mãe regressar com o carro, estacionar na calçada e, num rompante, sair novamente na companhia de três homens. Ester foi assaltada e arrastada para dentro do automóvel.

– Eles sabiam quem eu era. Um deles me disse: "Abaixa a cabeça, porque vamos passar em frente à igreja do seu marido" – recorda Ester, o que nos permite desconfiar que houve um ato criminoso encomendado.

Foi uma agonia. Saí pelas ruas às pressas, desesperado, em busca de Ester. Ainda não existia celular. Após horas circulando pelo bairro, ao retornar para casa, finalmente a encontrei. Choramos abraçados. Foi a primeira vez que Cristiane viu sua mãe em prantos quando não estava em oração.

Também foi a primeira vez que Ester viu uma arma de perto. Ela havia sido libertada pelos criminosos a poucos quarteirões de onde fora rendida. Eles permaneceram com o revólver apontado para seu corpo até o momento em que, ao atravessar uma rua tranquila, um grupo de jovens percebeu a movimentação estranha no veículo. Os bandidos se assustaram e mandaram Ester descer sem olhar para trás.

Deus providenciou outro livramento à nossa família.

A experiência mudou minha maneira de pensar. Em estado de choque com a violência vivida em casa e as contínuas ameaças de quem servia aos espíritos, decidi usar uma arma. Passei a andar com um revólver calibre 38, que, muitas vezes, permanecia escondido no púlpito enquanto pregava no altar. Mais tarde, ao escrever o livro *Nos passos de Jesus*, o Espírito Santo me tocou e me convenceu de que andar armado era um sinal de falta de confiança nEle. Imediatamente, fiz um pacto e disse: "A partir de hoje, nunca mais vou andar armado. Mas, se o Senhor não guardar a minha vida e a minha família, vou comprar uma metralhadora". Como digo sempre, não sou a favor do porte de armas. E aconselho sempre os membros a não reagir a assaltos ou a qualquer tipo de violência.

Mesmo contra todos os tipos de ameaças, segui em frente no compromisso de pregar a verdade. E Deus viu a honestidade das minhas intenções.

Uma das vigílias da meia-noite mais marcantes na Abolição aconteceu na Sexta-feira Santa de 1983. Uma moça subiu ao altar sob a possessão de um demônio, conduzida pela autoridade de um dos nossos pastores. Como de costume, coloquei o espírito de joelhos e o entrevistei sobre as mazelas provocadas na vida da jovem. Ela sofria com a infelicidade no amor e o consumo desenfreado de cocaína e maconha.

Involuntariamente, perguntei por um assunto que dominava os noticiários naquela semana. Uma famosa cantora mineira, conhecida por seu repertório de exaltação às entidades, estava internada entre a vida e a morte após a realização de uma cirurgia rotineira no Rio de Janeiro.

– Demônio, o que você está fazendo no corpo dela? – questionei, diante da igreja lotada.

O espírito manifestado respondeu à minha pergunta.

– Sou eu que estou lá! Não deixo ela morrer nem viver... Ela não está fazendo as coisas direito... Vou deixá-la sofrer bastante... Sou eu que estou lá!

Mandei o demônio se calar e ordenei que viessem àquele corpo todos os outros espíritos malignos que atuavam no leito do hospital. Em seguida, unido com os fiéis, executamos a libertação da jovem. Foi quando eu disse:

– Olha só, pessoal... Ou essa cantora vai morrer ou vai acordar, mas ela sairá daquele hospital – decretei, usando a autoridade do nome do Senhor Jesus.

A notícia chegou horas depois daquele mesmo dia: a tal cantora morreu exatamente na madrugada daquela Sexta-feira Santa para o Sábado de Aleluia.

Espírito contra espírito

Eu tinha o costume de convidar ao altar quem duvidava da veracidade da existência dos espíritos satânicos. Sempre foi uma forma de as pessoas comprovarem a realidade por si próprias. Poucos se encorajavam. Certa vez, na cidade paulista de Itu, um homem aceitou minha proposta diante de 15 mil fiéis reunidos no estádio Doutor Novelli Júnior.

– Às vezes, as pessoas falam por falar. Eu desafio agora qualquer médico, psiquiatra, qualquer médium a provar se isso aqui é mentira – eu provocava, apontando para mais uma jovem endemoninhada. – Se tiver alguém aí, eu deixo fazer o teste.

Um homem de meia-idade se aproximou do palco montado no gramado e, corajosamente, me interrompeu. Eu perguntei se ele era chefe de trabalho com espíritos. A partir daí, iniciamos um entrevero de palavras.

– Se você está duvidando, mostra o que você tem – eu disse.

– Mas vamos lá... *(referindo-se ao local em que se invocam os espíritos imundos)* – ele revidou.

– Aqui é um campo de futebol, um local neutro – rebati.

O estádio começou a vaiar. E logo o cutuquei novamente:

– Você está com medo de ser mordido?

– Eu não tenho medo, não. Quero saber o nome dele. Medo eu não tenho – retrucou o homem.

– Se você acha que é mentira, vem aqui testar. Você está com medo! Suba aqui.

Dei alguns passos com a moça endemoninhada em direção ao destemido homem. Ele começou a dialogar com a mulher possessa:

– Se for espírito, vem aqui em mim. Se você é um espírito como o meu, por que você não vem em mim?

O espírito, manifestado na mulher, apenas olhou.

– Por que você não vem aqui? Vem em mim. Vem em mim... Vem em mim! – ele insistiu.

Não acontecia nenhuma reação com o rapaz; portanto, decidi ignorá-lo e seguir a concentração junto com o público. Libertamos a mulher possuída que se contorcia por inteiro. De repente, ao expulsar o mal de outras pessoas manifestadas, o homem, que havia acabado de me desafiar, se descontrola.

Vários pastores tentam segurá-lo, mas ele passa a se debater com uma força incomum. Quanto mais oração, mais ele nos afrontava. E mais eu usava a fé. A libertação espiritual é assim: quanto mais o demônio reage, mais aumentam nossa raiva e a vontade de reagir.

Após minutos de manifestação, ele é liberto e abraçado por mim. O público aplaude.

Eu reencontrei esse homem, 24 anos depois, em dezembro de 2011, em um programa de televisão via internet, a IURTV, apresentado ao vivo no bairro de Santo Amaro, em São Paulo. Ele me contou que continuava viciado nas drogas, mas que estava arrependido e em busca de ajuda na Igreja. Oramos com imposição de mãos e novamente ele incorporou outros espíritos imundos. Após a ordem de libertação, perguntei:

– O que está acontecendo dentro de você agora?

– Alívio, estou leve. Parece que estou nas nuvens – ele respondeu. E sorriu.

O caso desse homem de Itu levanta uma pergunta que muita gente se faz ao longo dessas quase quatro décadas de Igreja Universal: qual o segredo da libertação espiritual completa e definitiva?

O caminho é um só: a sinceridade e o sacrifício. Sinceridade para confessar, se arrepender com integridade e arrancar de dentro de si os pecados escondidos. O Senhor Jesus apaga suas transgressões e concede o perdão na hora. E sacrifício para, a partir daí, imediatamente abandonar a vida errada, longe de Deus.

A Igreja Universal existe para os sinceros, não para os hipócritas fabricados pelas religiões. Gente verdadeira em busca de uma saída. A prostituta pode estar na cama, vendendo o corpo, levada pelos infortúnios do mundo, mas suplicando dentro de si: "Eu não quero isso para minha vida! Meu Deus, mostra-me um caminho! Me tire daqui!" Nós vamos até o inferno para ajudar esses tipos de pessoas.

Desde a fase da Abolição, pensava em uma maneira mais eficaz para despertar a fé das pessoas. Muitas vezes, não compreendia por que pregava e orava tanto e muita gente não alcançava o milagre em suas vidas. A Bíblia, claro, tem respostas para tudo.

Por dias, refleti sobre o episódio em que o Senhor Jesus usou apenas a palavra de ordem para curar: "Chegada a tarde, trouxeram-Lhe muitos endemoninhados; e Ele meramente com a palavra expeliu os espíritos, e curou todos os que estavam doentes" (Mateus 8.16).

Em outras situações, há relatos evidentes do uso de uma maneira especial para efetuar milagres, como aconteceu em Galileia: "Então, lhes trouxeram um surdo e gago e Lhe suplicaram que impusesse as mãos sobre ele. Jesus, tirando-o da multidão, à parte, pôs-lhes os dedos nos ouvidos e lhe tocou com a saliva; depois, erguendo os olhos para o céu, suspirou e disse: Efatá!, que quer dizer: Abre-te! Abriram-se-lhe os ouvidos, e logo se lhe soltou o empecilho da língua, e falava desembaraçadamente" (Marcos 7.32-35).

Ao meditar nesses textos sagrados, me questionava qual a necessidade de Jesus colocar os dedos no ouvido e a saliva na língua para curar o surdo-gago. Por que Ele não usou apenas uma palavra para curar aquele doente?

Juntamente com a experiência do dia a dia da Igreja, concluí que existem pessoas que só conseguem liberar sua fé quando, por exemplo, recebem a unção do óleo no local de suas enfermidades, uma rosa consagrada para abençoar seus lares, o sal para lançar em seus negócios ou até beber um cálice com água pura.

A proposta de libertação espiritual e o uso da simbologia bíblica para despertar a fé existente no íntimo de cada ser humano trouxeram multidões à Universal.

Esse incrível avanço da Igreja teve um custo elevado à minha vida pessoal.

Tão longe, tão perto

Os primeiros anos de dedicação irrestrita à Igreja consumiram praticamente todo o meu tempo de convivência com a minha família. Esse foi um dos preços pagos por entregar meu presente e meu futuro no altar.

Eu confesso: quase não vi minhas duas filhas amadas crescerem. O meu envolvimento com o socorro das almas foi tão grande que me obrigou a renunciar as horas de lazer ao lado das minhas meninas. Com a adoção de Moisés, logo partimos para os Estados Unidos, quando então passei a viver mais próximo dos meus filhos.

Ester, como sempre, sábia mulher de Deus, exerceu um papel fundamental dentro de casa para suprir minha ausência. Nos primeiros anos na Abolição, quando pensava em tirar algumas horas ao lado de Cristiane e Viviane, sempre era chamado pela responsabilidade de alguma atividade na Igreja, uma viagem missionária ou algum tipo de atendimento espiritual de última hora. Nosso crescimento exigiu tudo de mim. Tenho consciência de que fui um pai ausente, embora isso, em nenhum momento, tenha reduzido meu enorme amor por meus filhos.

Graças a Deus, não cresceram rebeldes. Pelo contrário, por vontade própria, Cristiane e Viviane optaram em seguir o mesmo caminho de abnegação do pai. Isso alegra meu coração. As duas são esposas de bispos bem-sucedidos em suas funções na Universal.

Quase quatro décadas depois, vez ou outra, converso abertamente com Cristiane e Viviane sobre aquela fase das nossas vidas. De fato, elas passaram grande parte da infância sem conhecer o pai mais de perto. Vivendo hoje tudo o que eu passei, em nome de uma causa maior – a nossa fé –, elas conseguem entender o que se passava comigo.

Renunciei o prazer de estar mais próximo das meninas, ainda pequenas, pela crença que carrego dentro do meu peito. Que outro pai abriria mão disso?

Não que seja correto ou errado o que fiz, mas fui conduzido por uma razão maior. O Espírito de Deus me guiava. Hoje, me conforta saber o que Cristiane pensa. Ainda mais ela que, além de ter vivido uma infância diferente, soube entender a atenção dos pais voltada para sua irmã caçula, vítima de um grave problema de saúde logo na sua chegada ao mundo. Luta contra uma doença, aliás, que motivou o surgimento da Igreja Universal do Reino de Deus.

No decorrer da preparação deste livro, recebi mensagens de Cristiane e Viviane com desabafos tocantes, escritas especialmente para mim.

Essas cartas jamais foram reveladas.

Elas falam diretamente sobre mim como pai, o amor incondicional e a gratidão pela mãe e me revelam algo especial. Palavras que me fazem mais fortes nos dias de hoje. Cristiane e Viviane compreenderam os valores que me fizeram agir como agi simplesmente porque agora possuem o mesmo espírito do pai.

Tenho o prazer de dividir as duas cartas com os leitores desta obra. A seguir, as palavras de Cristiane:

Querido pai,

Normalmente falamos sobre como o conhecemos melhor na adolescência, quando as circunstâncias de nossa mudança para Nova York cooperou bastante para passarmos mais tempo juntos, mas raramente falamos do papai que conhecíamos antes disso... um papai diferente de tantos outros.

Eu cresci numa família feliz, embora bem diferente da família feliz normalmente idealizada pelas pessoas, onde o pai brinca com as filhas, a família tem seus momentos de lazer, as crianças participam de várias atividades escolares, e são preparadas para um futuro promissor com uma carreira.

A Vivi, com suas constantes cirurgias, me tirou do centro das atenções quando eu tinha apenas um ano. Depois desenvolvi a asma, que me fez uma criança bem debilitada em dias nublados.

Você trabalhava tanto que as horas que o tínhamos em casa era de descanso. Quase não restava nada para a gente. E assim, nossa vida era diferente das demais famílias.

Não tínhamos planos para o futuro e mudamos de escola seis vezes aos trancos e barrancos. Não passeávamos nas fé-

rias, não íamos em festas, nem tínhamos uma vida social. Era de casa para escola, escola para casa, casa para igreja, e igreja para casa.

Tive que aprender a brincar num carpete e ter a minha irmã como minha melhor e única amiga.

Para quem não entende o que é ser feliz, realmente até pode parecer que minha infância foi um tédio. Mas não foi, mesmo tudo colaborando para que fosse. E sabe por quê?

Porque eu não precisei ser o centro das atenções para me sentir valorizada.

Porque eu não precisei ser forte fisicamente para me sentir capaz.

Porque eu não precisei de sua atenção para saber o quanto me amava.

Porque eu não precisei de férias para aproveitar a vida.

Porque eu não precisei de uma vida social para conhecer a verdadeira amizade.

Porque eu não precisei de uma carreira para ser quem eu sou hoje.

Você, pai, me deu tudo de que eu precisava. E esse tudo não veio pelo que você não pôde me dar e sim pelo que você foi e continua sendo: um homem de fé.

Sua ausência em casa nunca foi motivo de ausência em nossas vidas.

Tínhamos um pai fiel a nossa mãe, que amava a família ao ponto de nos guardar de tudo o que não era bom. Um pai que nos ensinou os princípios da fé, os valores de uma família e o amor, não de palavras, mas de exemplo.

Dormíamos cedo, não víamos novelas, não íamos para casa

Nosso objetivo sempre foi o mesmo desde o início: guerrear contra o mal com todas as forças. O livro *Orixás, Caboclos e Guias* abriu os olhos de muita gente.

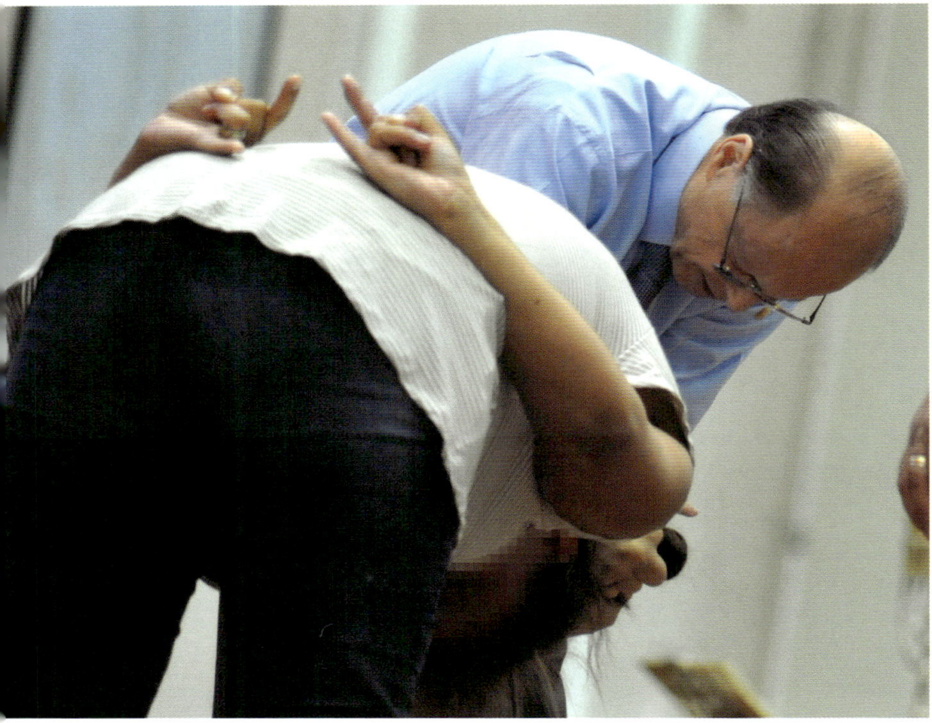

Momento de fé e alegria: após me empenhar na libertação espiritual de uma fiel, recebi um comovente abraço de agradecimento.

Depois das praças e dos cinemas, decidi ousar. Primeiro foi o Ginásio do Olaria. Partimos para o Maracanãzinho e Maracanã, no Rio, com o propósito de atrair gente angustiada, sedenta de fé, para receber o Espírito Santo.

DAQUI A POUCO O
ESPÍRITO SANTO
IRÁ DESCER
45°
MARACANA
RIO DE JANEIRO

Caravanas de todo Brasil enfrentaram o intenso calor do verão carioca. Mais de 250 mil fiéis transformaram o Maracanã em um grande templo da Igreja Universal.

UCÂNIA
SANTA CRUZ

Em abril de 2010, o evento batizado de "Dia D" bateu índices de público jamais alcançados: só na Enseada de Botafogo, no Rio, estavam presentes 2 milhões de pessoas unidas na mesma fé. Uma imagem histórica.

Multidões pelo Brasil: São Paulo também reuniu 2 milhões de pessoas no Autódromo de Interlagos. No total, mais de 8 milhões em superconcentrações simultâneas por todo o país.

PARANÁ

MINAS GERAIS

Uma tragédia em nosso caminho: a queda do templo de Osasco, em São Paulo, em setembro de 1998. Enlutei com cada vítima. Daquele dia em diante, demos início aos projetos de construções de catedrais por todo Brasil e em várias partes do mundo.

TRAGÉDIA EM OSASCO

Telhado de templo cai e mata 28

Vinte e oito pessoas morreram e 300 ficaram feridas na madrugada de ontem quando parte do telhado do templo da Igreja Universal do Reino de Deus no Centro de Osasco, na Grande São Paulo, desabou sobre uma platéia de 1.300 fiéis, que estavam de olhos fechados, orando, no momento do acidente. Mais da metade da área, de 900 metros quadrados, foi atingida por toneladas de vigas e telhas de amianto, que desceram de uma altura de 20 metros. A igreja ocupava parte do Center Giansante, uma galeria a 100 metros do Osasco Plaza Shopping, onde uma explosão provocada por vazamento de gás de cozinha, em 1995, matou 42 pessoas. Os bombeiros encontraram sinais de infiltração no madeiramento. A Igreja Universal, segundo pronunciamento do bispo Macedo na TV Record, "não fugirá de suas responsabilidades com as vítimas". (Página 14)

As vigas que caíram sobre os fiéis eram de peroba, madeira muito

O novo templo de Osasco, inaugurado alguns anos depois da fatalidade que marcou nossas vidas.

Resposta de Deus: as catedrais, erguidas com conforto e segurança, representaram uma reviravolta na história da Universal.

MINAS GERAIS

CEARÁ

PARAÍBA

Reunião realizada na Igreja de Santo Amaro, em São Paulo: meu prazer de ensinar o Evangelho continua pulsando em minhas veias.

de "amiguinhas" de escola e, por isso, crescemos dentro de um lar puro e cheio de respeito. Você podia não estar sempre presente, mas quando estava, era carinhoso e nos fazia sentir verdadeiras princesas.

Quantas vezes, enquanto tinha crise de asma, só conseguia dormir na cama, no meio de vocês, e você, pai, nunca reclamou nem resmungou. Quando eu acordava no meio da noite, você estava dormindo no chão só para que eu pudesse dormir bem ao lado da mamãe.

São nessas pequenas grandes coisas que se faz uma família feliz. Não pelo que se dá à família, nem pelo que se faz com a família, mas pelo que se é com família.

Você, pai, foi um pai que conseguiu representar bem a Deus para seus filhos. Hoje, eu sou feliz porque conheci esse Deus que você me apresentou desde o meu primeiro dia de vida.

Meu pai exemplo, sempre te respeitei, e quanto mais o tempo passa, mais motivos você me dá de te admirar e te honrar para honra e glória do Senhor Jesus.

Te amo.
Cris

Agora, a carta jamais revelada de Viviane. Outro momento especial vivido por um pai aos 68 anos:

Querido paizinho,

Eu me lembro exatamente da minha infância, e como foi gostoso ter minha família comigo, sem mesmo saber que estava me dando todo o apoio e suporte para o que enfrentaria no convívio com o mundo.

Você não esteve o tempo todo conosco, mas nunca deu motivo de me revoltar. Nas poucas oportunidades em que estava presente, era carinhoso e me dava o que eu mais precisava.

Por que digo isso?

Eu queria muita atenção. Ser a preferida da casa para preencher a ausência da aceitação das pessoas.

Eu era disciplinada inúmeras vezes pela mamãe, por ser revoltada no meu interior, devido à rejeição de não ser aceita na escola e em outros lugares. Mas aquela disciplina me trazia a segurança de que eu não estava só, de que havia alguém lutando por mim. Além disso, mamãe sempre foi muito cuidadosa, presente e carinhosa. Era notório o seu zelo.

Vi, diversas vezes, você observando a minha agonia ao ser disciplinada pela mamãe. E isso me cativou, me levou a te amar.

Eu vi um pai que via a minha alma, a minha dor, a minha agonia em ser tão "massacrada" pelos meus "defeitos". Você sempre estava ali, presente, com suas palavras de conforto.

Você não era pastor apenas na Igreja, mas em casa.

Aquelas suas palavras tinham algo por trás, pai. Tinham espírito e vida. Você via a minha alma, mesmo sendo criança. Você dava o que eu necessitava.

E pergunto: como você me enxergava se eu não falava o que havia dentro de mim? Como você falava o que eu precisava ouvir? Como você atendia a minha necessidade se tínhamos tão pouco tempo juntos? Como, se eu nunca compartilhei as minhas aflições!?

Eu era muito fechada com o que havia no meu interior. Não sabia que tinha a oportunidade, o poder de me fazer livre.

Esse é o pastor a que me refiro. Você foi o pastor da minha alma. Fez exatamente o que fazia na igreja. Atendeu a minha necessidade, me guiou com o seu exemplo.

Eu o amava sem saber expressar e sem dizer essas palavras. Te encher de beijos, nas poucas oportunidades que passávamos juntos, era a única forma como sabia me expressar. Mas nunca soube dizer nada o que se passava comigo.

Você conhece a Deus, porque se enxergou como alma necessitada, e somente aí teve olhos para enxergar outras almas. Você me deu o que o mundo e o seu tempo não me dariam: a resposta para a salvação de uma alma aflita.

E é por esse motivo que te amo muito mais do que você imagina.

Hoje, vejo o que me tornei. Sou fruto de um casal que vive em sintonia com Deus, que me ensinou a ser equilibrada, disciplinada e, acima de tudo, feliz.

Obrigada por ter visto a minha alma, pai.

Eu te amo e te amei porque vi em você um referencial. Por isso entendi tudo o que você fez e o que estava disposto a fazer, porque você sempre foi o mesmo: alguém que ama as almas!

Beijos,

Vivi

Maternidade divina

A multidão, de perder de vista, estava reunida para assistir ao primeiro *show* de uma banda de *rock* realizado em estádio aberto. Os *Beatles* eram um fenômeno mundial. O estádio de beisebol Shea Stadium, em Nova York, nos Estados Unidos, bateu recorde de público, com mais de 55 mil fãs da banda inglesa. As cenas do concerto, em agosto de 1965, não saíram da minha memória por anos seguidos. Eu tinha apenas 20 anos e havia acabado de viver o momento mais importante da minha existência: o meu encontro com Deus.

As imagens provocaram em mim uma indagação constante: "Como um grupo musical é capaz de juntar tanta gente, e as igrejas um punhado de 200 ou 300 pessoas? Eles só passam emoção e uma felicidade momentânea. Não é justo que um encontro de fé, para resgatar aflitos, não consiga o mesmo ou mais! Deus é grande e precisa mostrar que ninguém é maior do que Ele!"

Essa vontade me perseguiu pelos primeiros anos após a nossa fundação, até tomar coragem de alugar o Ginásio do Olaria, no Rio de Janeiro, para realizar a primeira concentração da história da Universal. Deu certo. Mais de 7 mil pessoas lotaram as dependências da arena. A maioria permaneceu como membro fiel da Igreja.

O caminho estava aberto.

Nesse exato dia, sofri com o estado de saúde de Viviane. Ela estava para completar 4 anos, ainda carregava as sequelas do lábio leporino, quando contraiu uma inflamação grave na boca. Suas feridas se estendiam da língua ao esôfago, segundo o diagnóstico dos médicos.

– Muitas vezes, dava a impressão que ela iria morrer. Não conseguia comer nada, nem leite ingeria – recorda Ester, como se passasse um filme pela sua memória.

Retornamos do médico na sexta e, no sábado à tarde, pensativo e tenso, saí de casa para o Ginásio do Olaria com minha filha gritando de dores.

– Cuide da Viviane, Ester. Tem muita gente sofrendo aguardando essa reunião. O Senhor vai proteger a nossa casa. Ele está vendo o nosso sacrifício – eu disse, ao partir.

Nada iria me parar. A minha aliança era com Deus.

Depois das praças e dos cinemas, decidimos ousar. Queria fazer algo notável, capaz de atrair mais gente angustiada e sedenta da fé ensinada pela Universal. Eu tinha certeza de que poderíamos ajudar a erguer um número ainda maior de vidas.

Em setembro de 1980, já na sede da Abolição, outro passo decisivo: decidimos organizar a primeira concentração no Ginásio do Maracanãzinho. Naquele tempo, o local só enchia completamente nos principais jogos da Seleção Brasileira de vôlei ou em *shows* de artistas consagrados.

Eu aceitei o desafio. Juntei os pastores e lancei a meta em equipe.

– Atenção! Vamos encher o Maracanãzinho! Quem tem fé para me acompanhar? – perguntei, sucedido pelo entusiasmo dos outros pregadores.

Convidamos o público das demais sedes para o maior culto de libertação espiritual já realizado no Brasil. Uma gama com credos religiosos distintos, que nunca havia ouvido falar da Igreja Universal, passou a ver o resultado funcional desse trabalho. Subi feliz ao palco, armado em um modesto tablado de madeira, na tarde daquele domingo. Mais de 30 mil pessoas entupiram o ginásio. Um dia marcante para mim e para quem teve o privilégio de participar desse momento tão saudoso.

A marcha se intensificou. Nos anos seguintes, enchemos o pequeno estádio de futebol do Bangu, conhecido como Moça Bonita, e passamos a organizar até duas ou mais concentrações anuais no Maracanãzinho. Em novembro de 1984, em outro grande evento no maior ginásio do Rio, promovi um jejum direcionado ao recebimento do batismo com o Espírito Santo.

Curiosamente, sem ao menos se conhecerem, três dos nossos principais bispos de hoje estavam juntos naquele dia. Romualdo Panceiro, Clodomir Santos e Sérgio Corrêa, cada um enfrentando seus próprios dramas e dilemas, tiveram experiências marcantes com Deus nessa mesma tarde de sábado.

– A revolta espiritual do bispo me chamava a atenção. Como ele falava assim com Deus? Que autoridade era essa? Eu queria essa convicção desmedida para mudar minha vida – relembra Romualdo, na época com 17 anos, que alcançou seu encontro com Deus.

– A verdade transmitida naquelas palavras abalaram meu interior. Eu estava vazio, incompleto, perdido, mas com um desejo ardente em achar uma saída. Eu queria Deus dentro de mim – concorda Clodomir, batizado com o Espírito Santo.

Na semana anterior, pelo rádio, definimos um jejum de sete dias para cada participante se esvaziar de si mesmo, ou seja, negar seus próprios desejos para praticar os ensinamentos do Evangelho. Antes ou depois do trabalho, indo ou voltando de um compromisso qualquer, o tratado era dobrar os joelhos no altar da Abolição, por alguns minutos, e pedir uma nova vida.

A união de esforços soprou o Espírito Santo e gerou homens e mulheres tão usados por Deus para despedaçar a artilharia do inferno em todo o planeta.

Que recordação esplêndida!

A nossa visão, a partir daí, passou a focar outro ponto de mira mais desafiador: o Maracanã, à época o maior estádio do mundo. O Maracanãzinho não suportava mais o nosso tamanho. Eu sabia que já tínhamos estrutura para essa prova de coragem.

Deus nos honraria.

Os obstáculos eram políticos. Em um dos nossos últimos encontros naquele ginásio, em maio de 1986, dei um recado direto para quem já ensaiava perseguir a Igreja Universal.

– O Maracanãzinho tem sido pequeno para nossas reuniões há vários anos. Muitos me dizem: "Ah, bispo Macedo... Como eu gostaria que essa reunião fosse no Maracanã". Eu também, imensamente. Não queremos nada de graça. Vamos pagar, mas, mesmo assim, fazem mil e uma restrições porque dependemos de política. Eu peço desculpas. Ano que vem, a política muda e essa situação também. Nós vamos estar no Maracanã – anunciei, ao som do ginásio.

No ano posterior, as urnas elegeram um novo governador para o Rio de Janeiro. Leonel Brizola deixou o cargo para o lugar de Moreira Franco. Foi então, em abril de 1987, ano em que a Igreja Universal completou uma década, o período mais inesquecível de todas as nossas concentrações.

O Maracanã, pela primeira vez, seria tomado por um povo mais fervoroso e fiel do que qualquer torcida organizada de futebol. A Sexta-feira Santa, tradicional feriado religioso, havia sido escolhida para o lendário "Duelo dos deuses". O nome tinha um objetivo estratégico: aguçar a fé de quem presenciaria o confronto entre o Deus da Universal e os deuses deste mundo.

Assim aconteceu: mais de 200 mil pessoas tomaram as arquibancadas do Maracanã, três horas antes do início do evento. Muitas famílias chegaram com os portões ainda fechados. Nos estacionamentos, carros e ônibus de caravanas se enfileiravam.

– Eu viajei de São Paulo durante várias horas seguidas. Partimos na noite anterior liderando um grupo da Igreja. Enfrentamos o calor sufocante do Rio com uma fé contagiante – conta o bispo Renato Cardoso, meu genro, ainda obreiro naquele tempo.

– Fui arrastado pelo meu pai depois de uma noitada de bebidas e drogas em uma escola de samba. Estava tão carregado de forças malignas que mal consegui prestar atenção na pregação. Antes de ir embora, ganhei um hinário de uma obreira. Era uma semente. O Espírito Santo usaria o bispo para me transformar por completo – relembra Guaracy Santos, hoje bispo responsável pela caravana "Duelo dos deuses", ainda em atividade por todo o mundo.

Nunca antes, nenhum movimento religioso havia conseguido superlotar o Maracanã.

Quando pisei no gramado e olhei ao redor do estádio, meu coração bateu mais forte. Faixas e cartazes da Universal, de diferentes lugares, espalhados em todas as direções. Obreiros e pastores alinhados entre o incrível aglomerado de gente.

Um espaço sequer vazio. Caminhei lentamente em direção ao palco. Meu rosto resplandecia.

Ao relembrar esse cenário hoje, revivo uma satisfação interior indizível. Não pela vaidade de superlotar o então maior estádio do planeta, mas porque Deus havia contado comigo. Eu queria apenas isso: ser usado pelo Espírito de Deus para espalhar a salvação em um mundo tão cheio de dores e angústias.

O público aguardava o duelo. Fui enfático logo de cara:

– Deus nos colocou neste mundo com autoridade espiritual. A mesma autoridade dada ao Senhor Jesus. Ele não disse aos seus discípulos para orar pelos enfermos ou endemoninhados, mas deu ordem para "curar os enfermos" e "expulsar os demônios".

Os espíritos enganadores, os mesmos que eram envergonhados nas correntes de libertação da Universal, caíram de joelhos às centenas. Em cada parte do Maracanã, homens e mulheres, jovens, adultos ou idosos, manifestavam com entidades malignas.

Gritos de alegria e os aplausos da multidão se misturavam à voz de quem corria até uma plataforma, instalada próxima às arquibancadas, para contar sua experiência de milagre.

Depois, foi a hora de agradecer a Deus.

– Quando há algum grande evento como esse, especialmente no Maracanã, existem aquelas apresentações comuns: "Aqui está o doutor fulano, presidente tal tal..." ou "aqui está o excelentíssimo fulano de tal tal"... Mas aqui, não! Todos estamos reunidos em nome de Jesus! Porque os doutores fulano, beltrano ou sicrano não podem ajudar a você, a mim, nem a ninguém, mas o Senhor Jesus Cristo pode e vai fazer isto essa manhã.

A batida das palmas ecoou rápido.

– Esqueça o que você fez até às nove da manhã de hoje. A partir de agora, você tem a chance de começar uma vida nova. Deus quer fazer isso em você agora. Deus quer a sua vida. Não pense que Deus está lá no alto distante da sua miséria, dor e maldição. Não! Ele está aqui agora – prossegui, diante do silêncio do público.

E encerrei minha pregação injetando fé e o mais importante: a semente da salvação.

– Não importa a sua religião. Acabe com ela, seja qual for: evangélica, católica, espírita, não importa. Pise nela e seja livre. Que adianta você bater palmas e sair daqui com a mesma vida. Não! Isso aqui não é um *show*. Bata no peito e diga: "Jesus, eu lhe quero agora!".

O vultoso evento no Maracanã seria apenas o começo. Oito meses depois, decidimos dar um voo ainda mais alto: promover outra concentração, desta vez, simultaneamente no Maracanã e no Maracanãzinho.

A DESCIDA

Tinha consciência de que as correntes de cura e libertação, restauração da família e prosperidade financeira aglutinavam multidões à Igreja, mas elas somente se firmariam a partir de uma conversão sincera. Os novos seguidores precisavam do Espírito de Deus para guerrearem contra si mesmos e se firmarem no caminho da entrega total.

Dois dias após o Natal de 1987, organizamos a maior concentração de público até aquela época. Tivemos a inspiração de abarrotar o Estádio do Maracanã e o Ginásio do Maracanãzinho, juntos, com um objetivo nobre: invocar a descida do Espírito Santo.

O convite deu resultado: mais de 250 mil fiéis transformaram as duas principais arenas esportivas do Rio de Janeiro em um grande templo da Universal.

Caravanas de todo o Brasil enfrentaram o intenso calor do verão carioca. Na expectativa do começo da grande reunião, os três placares eletrônicos do Maracanã anunciavam o que viria pela frente. Eu pedi que escrevessem a seguinte mensagem:

"Daqui a pouco o Espírito Santo irá descer".

O painel exibia a mesma expectativa de milhares de pessoas.

– Eu era uma delas. Saímos do nosso bairro às três da manhã para conseguir espaço para sentar. Quando o locutor oficial do estádio, o mesmo que anunciava a arrecadação e o público nas partidas de futebol, lia a mensagem, era algo muito forte. Provocava uma espécie de "arrepio" – rememora, bem humorado, o bispo Sérgio Correa, atualmente na liderança espiritual dos obreiros e do trabalho de resgate de fiéis afastados.

Eu comandei o culto no Maracanã e o Renato Maduro, no Maracanãzinho. Nossa preocupação central era levar uma profusão de homens e mulheres ao batismo celestial.

– O Espírito de Deus está à sua disposição hoje, agora. Ele está pronto para fazer de você uma nova criatura. Ele quer morar dentro de você. E se matarem o seu corpo, jamais poderão atingir o seu espírito. Esse passará a ser o seu maior tesouro.

As minhas palavras foram sucedidas por uma memorável busca pelo maior de todos os milagres. Momentos intensos de intimidade. Imagino quantos nasceram do Espírito Santo naquele 27 de dezembro.

Um dia para ficar na lembrança.

As areias nas praias do Rio de Janeiro também viraram cenário para eventos de grande porte. Uma delas ficou marcada por um fato inédito: aconteceu sem som. Isso mesmo: organizamos uma vigília de oração na praia de Copacabana para mais de 600 mil presentes, mas, poucas horas antes do início, a associação de moradores do bairro conseguiu uma ordem judicial proibindo a emissão de ruído em nossa concentração.

O evento foi transmitido somente pela Rádio Copacabana. Os membros e obreiros se juntavam em grupos, em torno dos aparelhos de pilha, pequenos ou grandes, para escutar minhas palavras ditas no palco armado na areia. A cena provocava estranheza em quem caminhava pelo calçadão. Uma aglomeração de indivíduos, na maioria do tempo em silêncio absoluto, perfilados, olhando para frente.

Ao romper do dia, a multidão ainda permanecia na praia.

A silenciosa madrugada provocou um barulho ensurdecedor no inferno.

Seguiram-se dezenas de grandes concentrações por vários anos seguintes, impressionando especialistas em religião, autoridades e a imprensa, o que provocou perseguições jamais imaginadas à Igreja Universal, como vamos descobrir mais à frente.

Recordes de público em outros estádios, como dezenas de vezes o Morumbi e o Pacaembu, em São Paulo; o Fonte Nova, em Salvador; o Mineirão, em Belo Horizonte; além do Pinheirão, em Curitiba, e o Mané Garrincha, no Distrito Federal. A quantidade de gente era comparável somente ao público dos clássicos de futebol dessas cidades.

Avançamos para uma fase avassaladora de crescimento no Brasil logo de início.

O impulso para frente foi veloz. Em oito anos, já havia 195 templos em 14 estados brasileiros e no Distrito Federal. Em média, 24 templos por ano, dois a cada mês. Um a cada 15 dias. No final dos anos 1980, o número de templos cresceu 2.500%.

Em menos de três décadas, a Igreja Universal se transformou no mais surpreendente e bem-sucedido movimento de fé do país. Nenhuma outra igreja evangélica brasileira crescera tanto em tão pouco tempo.

Adotamos um *slogan* célebre, que marcou época: *"Igreja Universal do Reino de Deus: onde um milagre espera por você"*.

Cinemas pornôs viraram Universal. Terreiros viraram Universal. Templos do Vaticano viraram Universal. Templos evangélicos viraram Universal. Boates viraram Universal. Teatros e salões em todo o Brasil se transformaram em espaços de oração.

Em poucos anos, com o avançar da década de 1990, chegamos a mais de 4 mil igrejas de norte a sul do país. Em cada município, pobre ou rico, nos centros urbanos ou nas zonas rurais, existe uma Universal. Atualmente, são mais de 10 mil templos em todo o território nacional.

A cristalização do projeto de ganhar almas perdidas, a libertação espiritual, a televisão e o rádio e a dedicação 24 horas dos meus companheiros e minha fizeram a Universal explodir. Tudo sob a condução do Espírito de Deus.

Hoje não existe um estádio no mundo capaz de comportar nossos megaeventos. Em abril de 2004, realizamos um dos mais numerosos: 1,5 milhão de fiéis lotaram o Aterro do Flamengo. Em abril de 2010, o evento batizado de "Dia D" bateu novos índices jamais alcançados: 2 milhões de pessoas na Enseada de Botafogo, no Rio, e 2 milhões no Autódromo de Interlagos, em São Paulo. No total, mais de 8 milhões em superconcentrações simultâneas por todo o Brasil.

Completamos uma jornada de 36 anos com marcas impensáveis, por obra e graça do nosso Deus. Os dizeres do placar eletrônico do Estádio do Maracanã se tornaram um fato real em milhões de seres humanos.

O Espírito Santo desceu nos pontos mais longínquos de todo o mundo.

Lágrimas sem resposta

Em meio a tanto crescimento, enfrentamos certos obstáculos incompreensíveis. E obtivemos experiências marcantes à luz da vida pela fé.

Era sábado, dia 6 de setembro de 1998, às três da manhã. Estava exausto, tinha acabado de chegar no antigo sítio da Igreja em Juquitiba, no interior de São Paulo, depois de uma semana repleta de reuniões.

– Bispo, uma tragédia! Desabou o teto da nossa igreja em Osasco. Ninguém sabe o que aconteceu – contou-me, afoito, o bispo Clodomir Santos, que interrompeu sua apresentação no programa "Fala que eu te escuto" para me retransmitir a informação urgente.

– Meus Deus, que foi isso?! Têm vítimas? Como está o nosso povo?

Clodomir estava atordoado:

– Ninguém sabe ao certo. Os bombeiros estão tentando resgatar os feridos. Ainda tem gente nos escombros. A igreja estava lotada.

Chegamos em Osasco menos de uma hora depois. O cenário era devastador. Corpos sendo retirados do meio dos destroços, sirenes e luzes das viaturas dos bombeiros, gente ensanguentada acudida pelas equipes de socorro, familiares em prantos.

Desci do carro, olhei para tudo aquilo e desabei. Tirei meus óculos e chorei. As lágrimas desciam rapidamente pelo rosto. Só tive forças para perguntar comigo mesmo:

– Por quê? Por quê, meu Deus?

Como entender tantas mortes? Onde estava a proteção divina? As vítimas estavam orando, em vigília, buscando a presença de Deus.

Era uma situação inimaginável.

A queda na antiga sede no centro de Osasco deixou 24 pessoas mortas e mais de 467 feridas. Mais de 1.400 fiéis acompanhavam o culto, quando por volta da 1h45 quase um terço da área do telhado caiu. O teto do prédio, que não tinha laje, era sustentado apenas por uma estrutura de madeira, o que provocou inúmeros ferimentos em quem estava no salão.

No momento do desmoronamento na parte localizada aos fundos do templo, a multidão clamava. Todos haviam acabado de ouvir uma pregação sobre a necessidade do arrependimento para a conquista da salvação eterna. Em pouco tempo, se dirigiram para o local 40 viaturas e mais de 180 homens do Corpo de Bombeiros, tanto do município de Osasco como da capital paulista.

Muitos obreiros e participantes da vigília permaneceram no local ajudando a encaminhar as vítimas para os pronto-

-socorros. Outros correram para o Hemocentro de Osasco para a doação de sangue. A solidariedade foi imensa, e, em pouco tempo, o hospital não tinha mais capacidade para atender aos doadores. Foi preciso encaminhá-los ao Hemocentro do Hospital das Clínicas, em São Paulo.

O templo funcionava em perfeita conformidade com a lei. O alvará de funcionamento, concedido pela prefeitura local, era a prova de que não havia problemas anteriores com o prédio. Os peritos apresentaram novos indícios.

– Mostramos que o solo lodoso e obras próximas influenciaram na queda. Não houve negligência – afirmou o nosso advogado Arthur Lavigne.

Periodicamente, nossos templos eram submetidos a um rigoroso serviço de manutenção. Não foi diferente com aquele prédio, alugado pela Igreja havia seis anos. No mesmo momento, ordenei providências de assistência e solidariedade às vitimas e suas famílias. Fiz questão de participar pessoalmente do velório coletivo no ginásio da cidade.

Ainda na madrugada do acidente, passei a confortar as famílias que haviam perdido seus entes queridos. Percorremos diferentes hospitais para onde os feridos foram encaminhados. Visitamos o pronto-socorro para onde as vítimas haviam sido levadas. Oramos por cada mãe, pai e filho dos que se foram.

Enlutamos com cada um deles. A dor de cada um passou a ser a minha dor.

Já no amanhecer, arrasado, cheguei em casa sem compreender a explicação para tanto caos. Poucas horas depois, participei ao vivo de um programa especial na TV Record e, chorando, fiz uma espécie de pronunciamento:

– Nossos corações estão em lágrimas. Lamentamos profundamente esse acidente. Sentimos como se fossem nossos entes queridos. Estivemos no local e conferimos a dor e a agonia das pessoas. O que aconteceu foi algo inevitável. Não sabemos por que aconteceu.

Não sei como nem por que isso aconteceu. Só sei de uma coisa: não foi castigo de Deus, porque Ele não é um monstro. Ele apenas permitiu e não sei o porquê.

O povo estava em vigília. É realmente algo que foge da nossa capacidade, da nossa inteligência. Eu não tenho resposta – finalizei, encerrando o programa com uma oração pelo município de Osasco.

Daquele dia em diante, começou uma reviravolta na história da Igreja Universal. Ordenei a interrupção do aluguel de imóveis antigos, sem uma rigorosa reavaliação estrutural. Demos início a dezenas de projetos de construções de catedrais por todo o Brasil e em várias partes do mundo. Formamos uma sucessão de templos enormes, erguidos com o conforto e, sobretudo, a segurança do nosso próprio departamento de engenharia.

Somente no Brasil, já construímos 83 catedrais em regiões distintas. Quase sempre, elas se destacam entre os edifícios mais belos e grandiosos de cada cidade.

Ainda hoje, 15 anos depois do terrível acidente, continuo sem uma lógica para tudo o que aconteceu. Não sei explicar a razão espiritual de uma tragédia tão dolorosa. Mas isso não diminuiu a minha crença em Deus e a confiança absoluta na Sua Palavra.

Muitos homens e mulheres, obreiros ou membros, carregam as cicatrizes daqueles momentos de horror no corpo e na mente. A maioria, mesmo após a perda torturante de familiares e amigos, se manteve fiel ao Deus que servimos, embora sem entender os motivos de tanta dor.

São questionamentos que muitos vão carregar até a morte, mas que não os fazem menos convictos em sua fé. Um exército de valentes. Um exemplo de fidelidade e perseverança.

Eles, como eu, repetimos a convicção do apóstolo Paulo. O que declarei, no dia seguinte ao ver tanto sofrimento na madrugada de Osasco, segue firme dentro de nós: "Todas as coisas cooperam para o bem daqueles que amam a Deus" (Romanos 8.28).

Estrelas no deserto

Uma das visões mais espetaculares do céu, pontilhado de estrelas, aconteceu no alto do Monte Sinai, no deserto do Egito. Foram três dias com alimentação a base apenas de pão e água, na companhia de outros bispos e alguns beduínos, os habitantes daquela região árida da Ásia e África.

A experiência foi inesquecível. Contemplamos o infinito horizonte do mesmo ponto de vista de Abraão. Tivemos o privilégio de admirar a luz das estrelas, tal a claridade do céu em uma localização completamente isolada. Uma nuvem de astros com luz própria. Umas maiores, outras menores, mas todas com luminosidade capaz de clarear a montanha no deserto. Meditamos na Palavra de Deus. Meditamos no caráter de Abraão e em seu modelo de fidelidade. Ele é o meu grande referencial na Bíblia desde que me entreguei ao Evangelho.

Fizemos um revezamento para cumprir a promessa de orar de hora em hora. A cada 60 minutos, um bispo ou sua esposa levantava um clamor por quem havia sacrificado em nossa campanha de fé. Fizemos uma fogueira para queimar os pedidos do povo, trazidos em enormes volumes do Brasil.

A subida foi estafante. Mais de quatro horas de caminhada em terreno íngrime e forrado de pedras. Em certo trecho da subida, tropecei e rasguei minha perna, que sangrou na hora. Não desistimos de chegar até o topo. A temperatura era outro obstáculo. De dia, calor causticante e, de noite, o frio rigoroso de bater os dentes. A sensação térmica tornava a madrugada ainda mais gelada. O chão úmido do monte impedia o sono prolongado.

A comida era preparada pelos beduínos: pão cozido, na hora, no chão de pedra. As unhas sujas e enormes viravam um mero detalhe. Ester ficou quase dois dias sem comer. Só aceitou um pedaço de pão depois de eu ter encharcado em azeite. Não havia local para higiene. O nosso banheiro era atrás das pedras.

O mesmo objetivo de subir o Monte Sinai nos leva, anualmente, para os lugares sagrados de Israel: invocar a Deus pelo povo, pela Igreja Universal e por mim. Essa jornada começou, em dezembro de 1979, quando pisei pela primeira vez na Terra Santa. A experiência foi surpreendente. O ex-bispo Rodrigues e eu encontramos um motorista árabe disposto a vender grande quantidade de azeite a preço baixo.

Decidimos aproveitar a oportunidade para levar um dos símbolos de fé mais utilizados nas igrejas no Brasil: o azeite. Compramos 40 litros do líquido em dois galões enormes. No dia do embarque, fomos barrados no aeroporto para uma revista minuciosa. Os seguranças queriam saber a procedência do azeite árabe. Foi um tremendo interrogatório, com revistas por todos os lados, que só terminaram na hora de entrar no avião. O azeite só foi liberado instantes antes do embarque.

No decorrer dos anos, retornei inúmeras vezes à Israel, mas sempre como se fosse a primeira vez. A cada lugar visitado, percebo o próprio Deus falando algo especial ao meu interior. O Monte Moriá, o Muro das Lamentações, a Fonte de Gideão, o Jardim das Oliveiras, o Rio Jordão, o Cenáculo, o Santo Sepulcro. A ida em 14 de abril de 2013, por exemplo, proporcionou uma experiência completamente nova.

Subimos a montanha mais alta do território israelense: o Monte Hermom. Fica na divisa com o Líbano e a Síria e é considerado pelo exército de lá como um ponto estratégico: os olhos de Israel. Na Bíblia, é descrito como o local da transfiguração, da consagração do Senhor Jesus. O Hermom é claramente citado pelo salmista Davi: "Oh! Quão bom e quão suave é que os irmãos vivam em união. É como o óleo precioso sobre a cabeça, que desce sobre a barba, a barba de Arão, e que desce à orla das suas vestes. Como o orvalho de Hermom, e como o que desce sobre os montes de Sião, porque ali o Senhor ordena a bênção e a vida para sempre". (Salmos 133.1-3).

Numa manhã de domingo, entramos ao vivo, em diversos horários, para a Universal em todo o mundo. Diante do vale e de milhões de espectadores, fiz um desafio:

– Se eu sou enganador e bandido, como tentam me pichar, não vai acontecer nada agora. Mas, se eu sou servo do

Deus Altíssimo, o Espírito Santo vai descer sobre você neste momento. Sua vida nunca mais será a mesma. O desafio está lançado.

Ergui as mãos no alto do Hermom. Pequenos pássaros passaram a rodear o monte, bem em cima da nossa posição. O sobrevoo dessa espécie de animal é raro naquela altitude. Nas igrejas, o silêncio cheio de temor. Nada de música. A emoção não teve espaço. Um intenso momento de oração prosseguiu sem parar.

No mesmo dia, horas mais tarde, por intermédio do meu blog, milhares de pessoas relataram suas experiências íntimas com o Espírito de Deus. Outras dividiram o milagre com seus amigos e familiares.

Antes de encerrar nossa participação, unimos um clamor por Israel.

As subidas aos montes, de fato, sempre marcaram nossa história. Na Escócia, a escalada do Monte Ben Nevis, o mais alto do Reino Unido, foi uma das experiências mais terríveis da minha vida. Apenas aceitei o esforço para tentar manter abertas as portas de um importante templo em Londres, no bairro de Peckham. A igreja só poderia se manter ali, após dez anos no mesmo endereço, se comprasse o prédio. O desafio, procedimento muito comum na Inglaterra, ajudaria a levantar recursos para a aquisição do imóvel.

Em novembro de 2007, mais de 50 pessoas, entre as quais minha filha Cristiane e meus genros, Renato e Júlio Freitas, partimos para a perigosa expedição. Subimos durante a época mais fria do ano. O percurso parecia impossível: chuvas e tempestades de neve em um trajeto cheio de armadilhas. O piso deslizava devido à grande quantidade de gelo. O desgaste físico era triplicado. A certa altura, Cristiane começou a passar mal devido ao forte cansaço nas pernas.

– Vamos voltar, Cristiane. Eu volto com você – implorei, com o vento gelado batendo em nossos rostos.

– Não, pai. Eu prometi que iria subir. Eu prometi – respondeu.

– Mas você não está bem, minha filha. Vamos descer – insisti.

Eu mesmo já estava decidido a descer. A nevasca se agravou. Caminhava com duas luvas, mas não era suficiente para proteger as mãos do frio. O perigo era real: por ano, em média, cinco aventureiros morrem tentando escalar o Ben Nevis.

Não voltamos atrás. A subida demorou mais de seis horas. No topo do monte, a temperatura bateu nove graus negativos. Renato ainda se dispôs a realizar um casamento no alto da montanha.

– Amém, amém. Vocês estão abençoados – interrompi a oração do matrimônio, ansioso para iniciar a descida.

E foi quando eu vivi um susto traumático. Eu andava na frente do grupo, já sem guia, com duas obreiras seguindo meus passos. De repente, de uma hora para outra, senti uma fraqueza descontrolada. A debilidade foi agravando, pouco a pouco. Apaguei.

Na queda, bati a cabeça em uma pedra. Minhas pernas pareciam ter desaparecido. Eu vi a morte face a face. A inconsciência demorou alguns segundos. Tive uma crise de hipoglicemia que roubou totalmente o meu vigor. Logo, uma das obreiras me acudiu e, por intervenção divina, colocou em minha boca um pedaço de chocolate mordido. Por minutos, eu não morri. Consegui prosseguir a caminhada até o final.

O resultado é sempre o mesmo: a cada subida, avançamos em nosso caminho de realizações juntamente com os que lutam conosco. Não medimos esforços para ver o sucesso das pessoas. Esse é o nosso prazer. A nossa recompensa. O nosso salário.

Outro risco que enfrentei foi em uma das primeiras subidas ao Monte Sinai. O sol estava a pino quando o camelo que me carregava virou de uma hora para outra. Os dromedários conseguem percorrer apenas uma parte do trajeto. Em um ato de reflexo, um dos bispos me puxou pela camisa e evitou que eu caísse desfiladeiro abaixo. Foram mais cinco horas de dura caminhada depois do susto.

Eu me recordo daquele dia como se fosse hoje. Caminhei carregando debaixo dos braços pilhas de folhas de exatas 32 ações criminais contra mim e a Igreja Universal. Organizamos uma lista com os nomes dos que nos atacavam com denúncias infundadas. Subi o Sinai em lágrimas. O choro era de dor e revolta contra as falsas acusações.

No alto do monte, ao lado dos meus companheiros, estendi os processos para o alto e clamei o livramento. Suplicamos justiça. Era preciso decidir situações drásticas. E Deus nos honrou.

Um a um, pouco a pouco, todos os processos e inquéritos criminais foram vencidos. Segundo o Judiciário brasileiro, a maioria por inocência ou arquivado por falta de provas.

A resposta veio do Monte Sagrado.

Mas para entender o sofrimento que carregamos para o alto do Sinai, que nos fez reivindicar de Deus uma reposta urgente, é preciso voltar no tempo.

Prepare-se para conhecer episódios difíceis de se acreditar.

CAPÍTULO 3

O DESAFIO DE SOBREVIVER

"Vós, na verdade, intentastes o mal contra mim; porém Deus o tornou em bem, para fazer, como vedes agora, que se conserve muita gente em vida."

(Gênesis 50.20)

Liberdade no papel

O avanço extraordinário da Igreja Universal amealhou um contingente sem fim de homens e mulheres gratos ao nosso trabalho evangelístico e, sobretudo, à compaixão divina, mas também enfileirou inimigos em diferentes frentes.

Tanto crescimento incomodou os grupos religiosos conservadores, habituados às influências da batina e à escravidão da mentalidade do povo. A compra da Record atingiu em cheio os barões da mídia, intocáveis e superpoderosos, acostumados a uma ascendência promíscua em distintas esferas do poder.

A previsão era certeira: o monopólio da religião e da comunicação estava ameaçado. Nosso olhar era para adiante. O Brasil necessitava de uma transformação.

Isso, porém, teria um preço. À frente da Igreja e da Record, eu virei o alvo número um.

Era uma época em que eu tinha a obrigação de andar com um documento de contramandado de prisão da Justiça. E tudo por qual motivo? Pregar o Evangelho!

Guardo esse oficio até hoje como prova dos tempos de humilhação e sofrimento:

PODER JUDICIÁRIO
São Paulo
CONTRAMANDADO DE PRISÃO

Processo número 817/92
Inquérito Policial 720/92 – 27 Distrito Policial
MANDA a qualquer Oficial de Justiça deste Juízo, ou às autoridades policiais e seus agentes, a quem este for apresentado, indo por ele assinado, que não efetue a prisão de
***EDIR MACEDO BEZERRA**, filho de Henrique Francisco Bezerra e Eugenia Macedo Bezerra, nascido no Rio de Janeiro/RJ aos 18.02.45, casado, pastor religioso*
contra quem foi expedido mandado de prisão, em virtude de ter-lhe sido decretada a prisão preventiva, tendo em vista que por decisão da quinta Câmara Criminal do Tribunal de Justiça, em 25.02.93, foi concedida a ordem de Habeas-Corpus número 140.760-3/0, para revogar a prisão preventiva do réu, determinada e expedida do presente.
O que se cumpra, sob pena de desobediência e responsabilidade.
Em 26 de fevereiro de 1993.

Lidia Marin Conceição Eirsinger
Juíza de Direito

Minha liberdade dependia de um pedaço de papel.

Para sair do Brasil na tentativa de cumprir meus compromissos de evangelização, era sempre preciso autorização judicial. Deixei de ajudar milhares de almas em todo o mundo, ensinando a Palavra de Deus, e a recuperar vidas socialmente excluídas – papel dos governos e autoridades em geral –, por ter minha liberdade parcialmente tolhida. Apesar de me indignar com tanta opressão, obedeci às normas rigorosamente.

Em alguns casos, houve abuso policial. Como a noite em que um grupo armado de policiais civis, com metralhadoras e revólveres apontados para os membros e obreiros, interrompeu nosso culto na Universal do Brás, na Avenida Celso Garcia, em São Paulo. Um dos chefes da tropa tirou o microfone do pastor e começou a revistá-lo com truculência. Invadiram o escritório, arrombaram armários e apreenderam pastas e computadores. O ex-bispo Carlos Rodrigues foi levado algemado para depor na delegacia.

Respeito ao espaço sagrado de liberdade de culto, como assegura a Constituição Brasileira? Sem resposta.

Nada encontraram. Revoltante.

Certo dia, no Aeroporto Tom Jobim, no Rio de Janeiro, minha família e eu nos preparávamos para embarcar para os Estados Unidos, já sentados nas poltronas, quando agentes da Polícia Federal me convidaram a deixar a aeronave por meio do sistema de alto-falante. Buscavam meu documento de contramandado de prisão, com o aval para deixar o país.

Austeros, obrigaram o atraso do voo em mais de 30 minutos provocando constrangimento e mal-estar entre nós e a tripulação e os demais passageiros. Parecia um ato pensado. Como a aeromoça que derramou café no meu colo durante um dos meus voos. Ester e eu percebemos a maldade feita de maneira proposital.

Os processos de supostos crimes contra meu nome formavam pilhas enormes, apontavam-me os advogados. Qualquer eventual acusação ou uma simples nota de jornal era motivo de um novo inquérito, que me forçavam a prestar depoimentos o tempo inteiro.

– A imprensa escalava jornalistas exclusivamente para acompanhar cada passo do bispo. Ele embarcava ou desembarcava no aeroporto e já havia repórteres lá. Eu o levei várias vezes em depoimentos em fóruns e tribunais. A pressão era fora do comum – conta Marcus Vinicius Vieira, durante longo tempo, o bispo responsável pela Igreja Universal no Rio.

A maioria das convocações oficiais sempre era assinada pelo mesmo juiz: João Carlos da Rocha Mattos.

PODER JUDICIÁRIO
Justiça Federal

CONCLUSÃO

[...] EDIR MACEDO DE BEZERRA ou EDIR MACEDO BEZERRA, envolvido no inquérito policial, deverá se apresentar ainda hoje nesta 4ª Vara Criminal, com a finalidade de assinar termo de compromisso de comparecimento a todos os atos do inquérito e de eventual ação penal, sob as penas da lei.

São Paulo, 15 de outubro de 1991.

JOÃO CARLOS DA ROCHA MATTOS
Juiz Federal da Quarta Vara Criminal

A série de perseguições não evitou o fortalecimento da Igreja. Pelo contrário. Em 12 de outubro de 1991, organizamos uma gigantesca concentração de fé no Estádio do Maracanã, no Rio de Janeiro, no mesmo dia de uma missa a céu aberto de um papa em visita a Natal, capital do Rio Grande do Norte.

Nosso evento permaneceu confirmado vários meses, mesmo com diversas autoridades do governo pressionando-nos pelo cancelamento. Eu recebia constantes ligações de homens fortes de Brasília insinuando que a concentração no Maracanã soava como provocação ao Vaticano. Não me importava. O objetivo era glorificar o Senhor Jesus.

Ao chegar dos Estados Unidos, onde eu pregava em uma pequena igreja em Nova York, fui chamado por meus advogados para depor em mais um inquérito. Faltavam três dias para a realização do nosso evento. De uma hora para outra, porém, o interrogatório na Polícia Federal acabou adiado.

Na véspera da reunião no Maracanã, eu convidava os expectadores pela Rádio Copacabana quando fui avisado sobre um inesperado e inconcebível pedido de prisão. O argumento era o de não comparecimento aos depoimentos. Difícil acreditar, mas estava sendo procurado pela polícia. Precisava me apresentar espontaneamente às autoridades para evitar o barulho de uma detenção pirotécnica.

Às pressas, Ester e eu iniciamos uma fuga incansável. Passei a noite escondido em Niterói. No dia do evento, fui impedido de chegar próximo ao Maracanã. Horas antes da reunião, um dos pastores me telefonou para contar que havia agentes federais espalhados pelo estádio, de tocaia.

– A ideia parecia ser a de efetuar a prisão dentro do Maracanã, o que provocaria ainda mais estardalhaço. Era a maneira mais agressiva de prejudicar a imagem do bispo e da Igreja – relembra o bispo Honorilton Gonçalves, que acompanhou tudo de perto.

A minha ausência não impediu a realização de uma concentração magnífica para a glória do Espírito Santo. Estiveram nas arquibancadas do Maracanã mais de 150 mil presentes enquanto, em Natal, o papa reuniu menos de 90 mil pessoas. Essa comparação, é claro, repercutiu na imprensa brasileira e até internacional.

Passei o final de semana escondido. Mudei de endereço três vezes. No banco do carro, quando passava alguém suspeito, era obrigado a me refugiar. No posto de gasolina, tinha de me abaixar como um marginal. Vivi três dias igual a um bandido. Muita gente nem imagina o tamanho da desonra que Ester e eu vivemos.

Na madrugada de domingo, viajei de carro para São Paulo para me apresentar na sede da Polícia Federal, no centro da cidade. Foi um dia de depoimentos. Ainda naquela segunda, cheguei exausto em casa. Disse para Ester que havia alcançado o meu limite ao fugir da polícia. Conversava com ela sobre a justiça de Deus e como estávamos sofrendo por uma causa maior abraçada em nome dos menos favorecidos.

Decidimos desabafar com nosso Senhor.

À noite, pouco depois de orar, o telefone tocou:

– Senhor Edir, preciso que volte à delegacia neste momento. O juiz está ameaçando não liberar seu alvará de soltura, disse que pode até expedir outro mandado de prisão – informou um dos advogados.

Horas depois de deixar o prédio da Polícia Federal, fui obrigado a retornar ao local.

Cheguei de volta, em casa, já na madrugada. Parecia um ser sem expressão. Eu me enxergava como um nada, pior que a sujeira do esgoto. Confesso que minhas forças estavam prestes a esgotar.

Chorei para Deus.

Eu me perguntava o motivo de tanta amargura e vergonha.

Quando subia o prédio da Rádio Copacabana, no Rio de Janeiro, sonhava em ser o ascensorista do elevador. "Ele tem mais motivos para ser feliz do que eu. Meu Deus, eu quero ser como esse homem!", mergulhava nos meus pensamentos. Tamanho tormento aguçava uma vontade sub-humana no meu interior. Por vezes, eu desejava ser o cachorro vadio caminhando sem eira nem beira pelas ruas.

Sinceramente, se eu não cresse no meu Deus, teria dado um tiro na cabeça ou sofrido um infarto. Pensamentos de suicídio foram soprados na minha mente.

Lembrei do meu encontro com Deus. Só o Senhor Jesus me daria forças, me renovaria para enfrentar tantas dores. A Palavra de Deus não falharia. O que eu perseguia tinha um único objetivo: levar a salvação para os perdidos, apresentar a fé verdadeira capaz de transformar vidas por dentro e por fora.

O Espírito Santo não poderia virar as costas para as minhas intenções.

A minha oração publicada no jornal *Folha Universal*, em sua segunda edição, em março de 1992, era a expressão da minha tortura. O título dizia tudo: "Súplica de um atribulado".

"Ó Senhor, meu Deus e meu Pai, nesse momento de tristeza e dor, a minha alma se aproxima de Ti.

É verdade, Senhor, que nada tenho de bom, de louvável, para te apresentar. Meus feitos, quando à luz da Tua presença, me envergonham.

Senhor, inclina os Teus ouvidos ao meu clamor pela consideração dos méritos do Teu amado Filho, Jesus Cristo! Podem, por acaso, aqueles que descem a sepultura Te glorificar? Acaso nas trevas se manifestam as Tuas maravilhas?

Mas eu, Senhor, aproveito o Teu convite – que diz: "Invoca-Me no dia da Tua angústia; Eu te livrarei e tu Me glorificarás" – e faço esse apelo: ajuda-me, Senhor, mais esta vez, pois minha alma se encontra perdida.

Estende o perdão para mim e livra-me da perseguição implacável dos meus inimigos, que são mais fortes do que eu.

Ah, Senhor, quando me levantares dessa tribulação terrível nada mais meu coração propõe, senão Te glorificar para todo o sempre.

Desde já eu Te agradeço por tudo antecipadamente, em nome do Senhor Jesus Cristo.

Amém Bispo Macedo"

Um mês depois, em 19 de abril do mesmo ano, publiquei outra oração. Era um pedido de socorro divino.

"Ó Senhor, meu Deus e meu Pai! Salva-me por amor ao Teu nome! Pois a minha vida já está à beira da morte.

Sou como aquela folha lançada pelo vento, que é martirizada pelo calor do sol. Pisada pelos brutamontes deste mundo, se partiu e subdividiu.

E batida novamente pelo rijo vento, espalhou-se em pedacinhos...

Assim é a minha vida, toda convulsionada, problemas por todos os lados.

Sabe Senhor, quando penso que a morte é um prêmio para mim, alguém me faz lembrar o Teu nome e... uma esperança começa a nascer.

Estende Senhor a Tua mão e faça juntar os meus caquinhos.

Derrama sobre mim o orvalho do Teu trono e cria nova vida em mim e me enxerta de novo na videira verdadeira.

E não tenho mais ninguém a clamar... Se o Senhor por acaso me desapontar... eu vou desaparecer para sempre.

Bispo Macedo"

Deus juntou os meus cacos. E não me desapontou.

As acusações eram de todos os tipos e vinham de todos os lados. Algumas, o cúmulo do absurdo e da discriminação.

No documento de autorização para me colocar atrás das grades, a totalidade dos argumentos controversos entraram para a história. Um juiz substituto, de 31 anos, que ficou no cargo apenas um mês, assinou o ofício. A minha prisão, como já contei em *Nada a perder 1*, aconteceu em maio de 1992.

A seguir, destaquei alguns argumentos do juiz sustentando o pedido de detenção:

PODER JUDICIÁRIO
São Paulo
Vigésima Primeira Vara Criminal Central da Capital
Processo número 298/92

Réu: Edir Macedo Bezerra

Eis o apanhado do fundamental decido e fundamento:

[...] no bojo da vestibular acusatória estão subsídios técnicos que apontam o modo de influenciar no espírito daquelas pessoas hipossuficientes, levando com que o rebanho de fiéis se alastre assustadoramente [...][...] cuja prejudicialidade é ainda maior, à medida que *estes cidadãos não têm embasamento sociocultural suficiente e necessário para livrá-los do mal [...][...] Sob o amálgama de seita religiosa, na sua essencialidade, referida instituição acaba por desencaminhar os respectivos séquitos, anunciando milagres, curas impossíveis, enfim, uma série inacreditável de predicados que somente vêm de encontro aos interesses da sociedade [...]*

[...] Desgraçadamente a ação plúrima e estonteante da seita atinge os interesses difusos de um número incontável de pessoas [...]

[...] O desarranjo das camadas sociais, à medida que galopa a inflação e se irrompe a recessão, como sublinhado nos autos, provoca o alastrar incontornável de legiões que, sob o pretexto de anunciarem a boa-nova, pregam ideologias voltadas para a dominação, num verdadeiro processo de lavagem cerebral [...][...] por tais fundamentos e analisando os elementos indiciatórios anexados, com aspectos reveladores, resolvo decretar a prisão preventiva do réu.

São Paulo, 22 de maio de 1992.

Carlos Henrique Abrão
Juiz de Direito

Respeito todos os integrantes do Poder Judiciário, confio na soberania e capacidade de isenção da Justiça brasileira, mas tenho direito de expor o que considero puro preconceito e o que me levou a viver dias angustiantes atrás das grades.

Eu precisaria de milhares de páginas de livros para relatar depoimentos reais e impressionantes de homens e mulheres recuperados pelo poder da fé, aprendido nos cultos da Igreja Universal. Pergunte às pessoas se elas trocam a vida que têm hoje pela vida do passado? Pergunte se elas são mais felizes hoje ou quando não conheciam essa crença que aprenderam conosco?

A questão é de raciocínio. Se tanta gente chega arruinada e é enganada e explorada por mim, por que elas permanecem na Igreja? O que é enganado, se deixaria enganar uma única vez e não voltaria nunca mais. Mas por que existem tantos templos lotados no Brasil? Por que existem tantos membros fiéis com décadas de Igreja? Por que também existem tantos médicos, dentistas, advogados, professores, publicitários, empresários, universitários e outros tipos de intelectuais em nosso meio? Como explicar esse crescimento em todo mundo, acima de culturas, raças e idiomas?

Não é o cumprimento da promessa do bispo Macedo na vida delas. É o cumprimento da Palavra de Deus.

Como não pensar nos apóstolos e no próprio Senhor Jesus, presos por espalhar a fé capaz de transformar vidas?

Sem considerar a óptica das nossas convicções, basta analisar com imparcialidade o trabalho de recuperação social que a Igreja realiza junto às mais variadas classes sociais. Quantos bilhões os governos economizam com o atendimento espiritual proporcionado pela Universal? Alguém já pensou nisso? Quando alguém vence uma crise crônica de depressão ou supera o vício das drogas, por exemplo, quanto o sistema de saúde público economiza? Quanto vale a recuperação de um presidiário ou de um menor infrator dentro de um sistema penitenciário falido?

Imagine esse efeito multiplicado aos milhões. Será difícil enxergar isso?

A Igreja Universal baseia sua crença 100% nos ensinamentos da Palavra de Deus. E na Bíblia existem exemplos claros e incontestáveis da manifestação da fé através da realização de curas e da libertação espiritual. São incontáveis os relatos de quem experimentou esses milagres e que pode atestar, nos dias de hoje, a veracidade das promessas cristãs.

O Senhor Jesus fez lavagem cerebral?

A Igreja Universal é um pronto-socorro espiritual. Nasceu a partir de uma vontade sincera de assistir os que se consideram perdidos. Isso aconteceu primeiro comigo, ainda jovem, na época de funcionário público. Eu tive o interior transformado após minha experiência com o Deus da Bíblia.

Decidi fazer a Obra de Deus unicamente por desejo de levar uma mensagem inteligente capaz de transformar o ser humano. Esse é o maior milagre: a conquista de uma nova vida, a transformação completa de pensamentos e de valores capaz de gerar uma reviravolta radical de comportamento. Um preenchimento interior, um estado de felicidade e realização que só o Espírito de Deus produz no ser humano. Só quem viveu essa dádiva sabe do que eu estou falando.

Quantos frequentadores da Igreja Universal são pegos ao volante, embriagados, ameaçando a vida de inocentes? Quantos cometem delitos e tragédias provocados pelo vício das drogas? Quantos, armados, cometem atrocidades contra a sociedade? Quantos têm ocupado as páginas policiais dos noticiários? Qual a religião desta gente que aparece envolvida com tanta violência?

A Igreja Universal do Reino de Deus é ação do Espírito de Deus, não do homem. Não do bispo Macedo.

Um novo tempo

A agitação violenta do clima atrai minha atenção. As tempestades de raios proporcionam cenas espetaculares, apesar do perigo. Por vezes, da janela de casa, observo a força dos relâmpagos que golpeiam a terra. Um raio nada mais é que uma carga elétrica, de alta intensidade, cruzando a atmosfera. A maioria começa e acaba dentro das nuvens. São poucos os que vêm para o chão. Mas quando essas faíscas do céu atingem o planeta podem provocar ações destrutivas.

A fé é como um relâmpago. Quando despertada, produz ação rápida. E golpeiam o mal com uma força icomensurável. É impossível conter um raio. É impossível conter quem vive pela fé.

A aquisição da Rede Record foi como a ação de um relâmpago. E gerou a multiplicação da onda de agressões, partindo de vários pontos inimigos. Mesmo com a emissora paga, devido à resposta de Deus descrita no início deste livro, eu enfrentei outro bombardeio para obter a transferência da concessão dela para o meu nome. A concessão é um direito de operação dos canais de televisão no país, atividade controlada pelo governo.

O jornal *O Estado de S.Paulo*, de 29 de março de 1992, publicou uma nota com o título "Quem quer", assinada pelo jornalista Nirlando Beirão, que traduziu os interesses sombrios daquele momento:

"Não será fácil para o bispo Edir Macedo renovar a concessão da TV Record, que termina este ano. Não só por causa da fuzilaria contra ele e sua Igreja Universal do Reino de Deus. Mas porque tem gente graúda de olho gordo. Além do insistente José Carlos Martinez, do Grupo OM do Paraná – provisoriamente, mas só provisoriamente – pedindo carona à TV Gazeta, em São Paulo –, um punhado de empresários reunidos em torno do primeiro-irmão Leopoldo Collor de Mello se interessa pelo espólio televisivo do bispo".

A notícia revelava o tamanho dos meus obstáculos para alcançar um direito adquirido. O processo estava rigorosamente amparado na lei, não havia nada irregular, mas era necessário aguardar o aval do presidente Fernando Collor. O documento estava parado na Secretaria de Comunicações, órgão hoje elevado a Ministério das Comunicações. O então secretário da época já revelou, publicamente, que havia influências contrárias à transferência para o meu nome. Segundo ele, as pressões eram exercidas, veladamente, por importantes grupos de comunicação e empresários com olho-grande no mercado de televisão.

Todos faziam figa por um deslize qualquer da minha parte. Mas o Espírito Santo era o meu guia.

Um deles foi o empresário José Carlos Martinez, dono da emissora CNT, a Central Nacional de Televisão e um dos tesoureiros da campanha de Fernando Collor. Martinez desejava tornar sua televisão no Paraná uma grande rede nacional e, para isso, precisava de uma emissora potente em São Paulo. Era a Record, claro!

Certo dia, ele pediu um encontro de emergência comigo na antiga sede da TV Miruna, no bairro paulistano de Moema.

Martinez me afirmou explicitamente que o governo não assinaria a concessão da Record.

Educadamente, ouvi o empresário por alguns minutos.

– Eu posso ajudar o senhor. O governo não vai assinar de jeito nenhum, pode ter certeza. Eu tenho minhas fontes. Não há o menor jeito, bispo – afirmou ele, entusiasmado com a proposta.

De repente, interrompi a cansativa sequência de palavras de derrota, levantei do sofá e disse:

– Preste atenção, Martinez: a Record só não vai ser minha se passarem por cima do cadáver de Jesus!

O empresário deixou o encontro irritado.

Diálogo semelhante aconteceu com os funcionários da Record, herdados da antiga administração da emissora. Diante de uma grande roda de jornalistas, na redação da tevê, expus minhas intenções de realizar grandes investimentos na empresa. Enquanto eu falava, dois ou três profissionais me encaravam fumando, com os pés sobre as cadeiras, soltando fumaça para o alto. No decorrer da conversa, um deles me questionou:

– Qual a certeza de que a Record vai passar para o seu nome? Todos queremos saber. Qual a garantia de que o governo vai dar a concessão para você? Qual a garantia que nós temos?

Fiquei impaciente:

– Só se Deus não for Deus!

Em meio a essa espera pela concessão, um incêndio suspeito atingiu o prédio da Record, em agosto de 1992. Parte das instalações do Teatro Record, na Avenida Miruna, foi atingida. O fogo não fez vítimas e foi controlado uma hora depois pelos bombeiros. A imprensa noticiou que o incêndio foi criminoso e nos acusou de praticar esse delito para receber o seguro. Logo, um novo processo foi instaurado contra mim. Eu era o suspeito número um do crime. Dois motivos, porém, derrubaram as acusações: o primeiro é que eu estava em Nova York no período do fogo e o segundo, o argumento de defesa irrefutável, era que a parcela da apólice estava com o pagamento atrasado. Ou seja, como eu poderia incendiar uma propriedade que estava sem a cobertura do seguro em dia?

Mais uma armação para provocar um escândalo e, quem sabe, tentar tirar a Record do meu nome.

Naquele período, no prazo de uma semana, a Polícia Federal e a Polícia Fazendária de São Paulo chegaram a pedir, juntas, todos os documentos do processo de concessão. Demerval Gonçalves conta que havia sido chamado em Brasília após uma misteriosa sinalização de Paulo Cezar Farias, o PC Farias:

– Ele me afirmou explicitamente que a concessão teria um preço. Era um pedido evidente. É claro que não demos nenhum centavo ao tesoureiro. Não trabalhamos dessa maneira.

Todos queriam tirar proveito da nossa situação. Eu tinha a promessa de apoio do presidente Collor, mesmo depois de alguns tratos descumpridos. Antes da eleição de 1989, acreditei no projeto de governo do político alagoano. Nossa primeira conversa oficial ocorreu no Rio de Janeiro.

– Vamos te apoiar, Collor, mas eu vou pedir uma coisa para você – disse para ele.

– Pois não, bispo? Estou à sua disposição – respondeu o então candidato.

– Quero fazer a oração no dia de sua posse como presidente. Vai ser a primeira vez que um pastor irá orar por um líder da nossa nação logo após a subida da rampa do Planalto – expliquei, imaginando quantas vidas seriam alcançadas com aquele ato de evangelização.

– Está fechado. O acordo está feito – assegurou Collor, estendendo a mão para selar a promessa.

Retribui o gesto. Nos meses seguintes, fiz pessoalmente propaganda eleitoral para Collor. Declarei publicamente meu voto nele. Cheguei a ser fotografado abraçado ao candidato, vestindo uma camiseta de campanha, com os tradicionais dois "eles" em verde e amarelo.

Collor venceu a eleição. Em 1° de janeiro de 1990, dia da posse, ele ignorou o meu pedido e subiu a rampa ao lado esquerdo da ex-mãe de santo alagoana Maria Cecília da Silva, a "Mãe Cecília", famosa por rituais de "ascensão" para políticos e outras personalidades. Recentemente, em entrevista à mídia, sua ex-esposa, Rosane Collor, chegou a declarar que os jardins da Casa da Dinda eram usualmente utilizados para rituais macabros de magia negra e animais sacrificados em holocausto às entidades.

Três anos depois, eu dependia de Collor para assinatura da concessão. Tinha certeza de que Deus não nos abandonaria, mesmo no olho do furacão de uma avalanche de armações.

Em maio de 1992, no exato mês da minha prisão, surge a onda de graves denúncias de Pedro Collor, irmão do presidente, envolvendo diretamente PC Farias. A CPI no Congresso Nacional, impulsionada pelo movimento das ruas, provocou o *impeachment* no final daquele ano.

Dias antes de ser destituído do cargo, Collor me convidou para um café da manhã em Brasília, na casa do ex-deputado federal Paulo Octávio. O presidente chegou de helicóptero. Ele se disse indignado com a Rede Globo, que, de uma hora para outra, deixara de apoiá-lo. Na ocasião, orei forte com as duas mãos na cabeça de Collor.

Por fim, ele agiu idoneamente comigo e com a Record. Antes de partir, dei um conselho:

– Presidente, faça como eu. Deixe de "beber" do noticiário ruim da imprensa. É uma maneira de se preservar.

A assinatura da concessão foi praticamente o último ato de Collor na Presidência. Nosso Senhor é fiel.

Atualmente, em conversas reservadas com empresários, autoridades do Poder Judiciário e personalidades políticas, entre governadores, senadores, ministros e muitos presi-

Período de sofrimento durante a compra da Record: as agressões vieram de todos os lados. A Bíblia foi meu refúgio: "Bem aventurados sois quando, por minha causa, vos injuriarem e vos perseguirem e, mentindo, disserem todo mal contra vós. Regozijai-vos e exultai porque é grande o vosso galardão nos céus; pois assim perseguiram aos profetas que viveram antes de vós." (Mateus 5.11,12).

PODER JUDICIÁRIO
SÃO PAULO
Vigésima Primeira Vara Criminal Central da Capital

Processo nº 298/92
Autora : Justiça Pública
Réu : Edir Macedo Bezerra
Artigos: 171,"caput",combinado com 71 "caput",combinado com 29 "caput",arigo 288,II(todas as figuras),combinado com 71" caput" e 29 "caput",todos combinados com 69,"caput",do Código Penal Brasileiro.

Vistos,etc:

MINISTÉRIO PÚBLICO DO ESTADO DE - SÃO PAULO,com base nos artigos epigrafados,formula denúncia criminal contra a pessoa de EDIR MACEDO BEZERRA,vulgo Bispo Macedo- líder da Igreja Universal do Reino de Deus.Em apertada síntese , a Justiça Pública,após relatar as atividades desempenhadas,sob o pretexto religioso,desnuda a atividade levada a efeito pela seita,irrogando ao increpado as práticas dos delitos de estelionato, curanderismo e charlatanismo,suscitando o modo peculiar adstrito ao "modus operandi",de tal arte bastante peculiar a ponto de causar o desmesurado crescimento do seu número de adeptos;dessarte - os subscritores da exordial aguardam,com o recebimento e processamento da presente ação penal,seu encaminhamento normal até a etapa de ulterior condenação(fls.2/16).

A vestibular acusatória está acompanhada de variegados documentos e testemunhos de pessoas que, de alguma forma,conhecem o mecanismo de funcionamento da entidade religiosa,inclusive no seu bojo estão subsídios técnicos que apontam,"si et in quantum", o modo de influenciar no espírito daquelas pessoas hipossuficientes,levando com que o rebanho de fiéis se alastre assustadoramente.

Sobredito material foi pausada e detidamente analisado,cotejando-se-o com os demais subsídios que, nessa etapa preambular,irradiam dados atinentes à natureza da respectiva "opinio delicti".

A "persecutio criminis" encontra-se espelhada,à saciedade,no procedimento investigatório,compondo-se os autos de quatro volumes,sendo certo que estamos no momento oportuno para efeito de exame acurado,sob o ângulo do recebimento da denúncia e outras providências correlatas que a espécie - está a comportar.

PODER JUDICIÁRIO
JUSTIÇA FEDERAL
Seção Judiciária: São Paulo
4ª Vara Criminal

ALVARÁ DE SOLTURA

O(A) Doutor(a) JOÃO CARLOS DA ROCHA MATTOS
Juiz Federal da Vara acima referida, na forma da lei, etc.

MANDA ao Diretor/Delegado de Polícia Federal em SP ou quem suas vezes fizer, ao lhe ser este apresentado, indo por mim assinado, que ponha incontinenti em liberdade, se por outro motivo não dever permanecer preso, EDIR MACEDO BEZERRA, demais qualif. nos autos, de nacionalidade brasileira, natural de ______, estado civil ______, profissão empresário, com ____ anos de idade, filho de ______ e de ______, portador(a) da Cédula de Identidade – Registro Geral nº ______, expedida pelo(a) ______, por ______, aí recolhido(a) desde o dia ____ de ______ de 19____, em ____ de ______ de 19____, em decorrência de ______, à disposição deste Juízo, tendo em vista que, por despacho proferido nos autos do Processo nº 91.0101357-2, em virtude do despacho proferido nesta data, revogando a prisão temporária decretada contra o mesmo.

CUMPRA-SE, na forma e sob as penas da lei, cientificado (s) o(s) interessado (s) de que este Juízo funciona no Forum da Justiça Federal, localizado na Pça. da República nº 299 - Centro São Paulo. EXPEDIDO nesta cidade de São Paulo, em 15 de outubro de 1991

Eu, ______ (assinatura) (Ma. Zélia B. Farias), Aux. Judiciária (nome) (cargo), datilografei e conferi. E eu, ______ (assinatura) (Bel. Valmir Luis Peraino) (nome), Diretor(a) de Secretaria, reconferi e subscrevo.

JOÃO CARLOS DA ROCHA MATTOS
JUIZ FEDERAL

Documentos inéditos: argumentos usados para nos acusar eram sempre carregados de preconceito. Nunca nada foi comprovado.

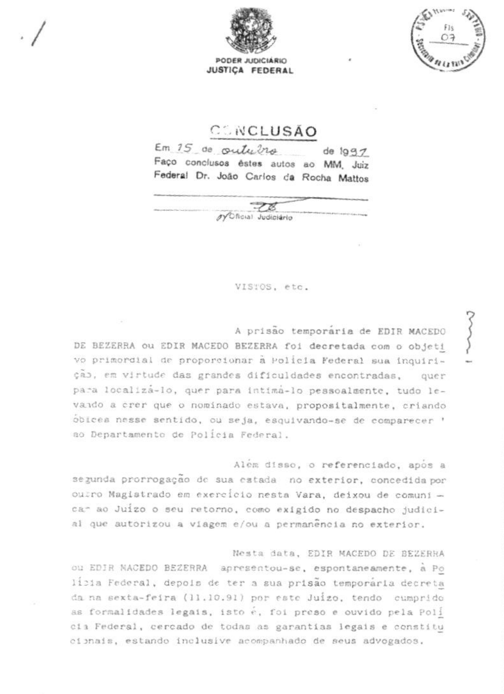

PODER JUDICIARIO
JUSTIÇA FEDERAL

CONCLUSÃO

Em 15 de outubro de 1991
Faço conclusos êstes autos ao MM. Juiz Federal Dr. João Carlos da Rocha Mattos

Oficial Judiciário

VISTOS, etc.

A prisão temporária de EDIR MACEDO DE BEZERRA ou EDIR MACEDO BEZERRA foi decretada com o objetivo primordial de proporcionar à Polícia Federal sua inquirição, em virtude das grandes dificuldades encontradas, quer para localizá-lo, quer para intimá-lo pessoalmente, tudo levando a crer que o nominado estava, propositalmente, criando óbices nesse sentido, ou seja, esquivando-se de comparecer ao Departamento de Polícia Federal.

Além disso, o referenciado, após a segunda prorrogação de sua estada no exterior, concedida por outro Magistrado em exercício nesta Vara, deixou de comunicar ao Juízo o seu retorno, como exigido no despacho judicial que autorizou a viagem e/ou a permanência no exterior.

Nesta data, EDIR MACEDO DE BEZERRA ou EDIR MACEDO BEZERRA apresentou-se, espontaneamente, à Polícia Federal, depois de ter a sua prisão temporária decretada na sexta-feira (11.10.91) por este Juízo, tendo cumprido as formalidades legais, isto é, foi preso e ouvido pela Polícia Federal, cercado de todas as garantias legais e constitucionais, estando inclusive acompanhado de seus advogados.

Minha liberdade dependia de um pedaço de papel. Eu era obrigado a carregar o contramandato de prisão para não ser detido na rua.

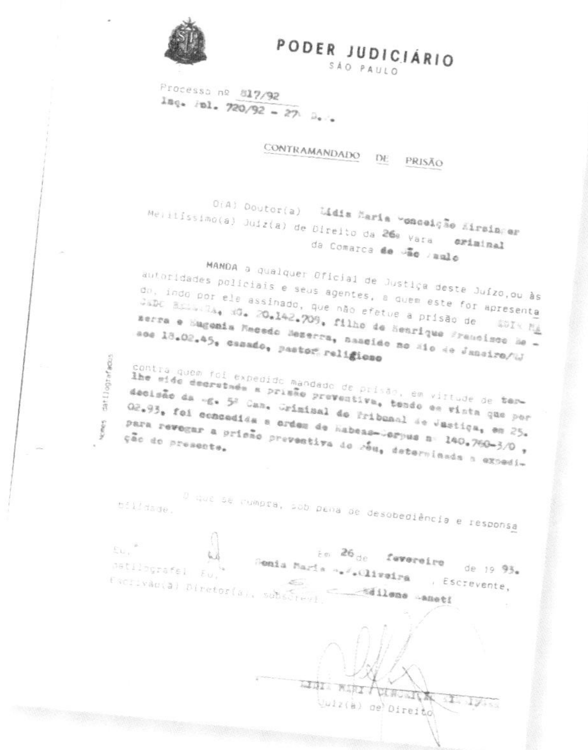

PODER JUDICIÁRIO
SÃO PAULO

Processo nº 817/92
Inq. Pol. 720/92 – 27ª D.P.

CONTRAMANDADO DE PRISÃO

O(A) Doutor(a) Lidia Maria Conceição Kirsinger Meritíssimo(a) Juiz(a) de Direito da 26ª Vara Criminal da Comarca de São Paulo

MANDA a qualquer Oficial de Justiça deste Juízo, ou às autoridades policiais e seus agentes, a quem este for apresentado, indo por ele assinado, que não efetue a prisão de EDIR MACEDO BEZERRA, RG. 20.142.709, filho de Henrique Francisco Bezerra e Eugenia Macedo Bezerra, nascido no Rio de Janeiro/RJ aos 18.02.45, casado, pastor religioso

contra quem foi expedido mandado de prisão, em virtude de ter-lhe sido decretada a prisão preventiva, tendo em vista que por decisão da Eg. 5ª Cam. Criminal do Tribunal de Justiça, em 25.02.93, foi concedida a ordem de Habeas-Corpus nº 140.760-3/0, para revogar a prisão preventiva do réu, determinada a expedição do presente.

O que se cumpra, sob pena de desobediência e responsabilidade.

Em 26 de fevereiro de 19 93.
Eu, Sonia Maria de Oliveira, Escrevente, datilografei. Eu, Edilene Zaneti, Escrivão(ã) Diretor(a), subscrevi.

LIDIA MARIA CONCEIÇÃO KIRSINGER
Juiz(a) de Direito

PELA LIBERDADE DE EXPRESSÃO
RELIGIOSA
Deputado Estadual JORGE
OLHA PRA GENTE!
AS IMAGENS NÃO MENTEM
A RECORD É A MAIOR
I.U.R.D.
ESPÍRITO DA CRIAÇÃO

Jesus
BISPO MACEDO TE

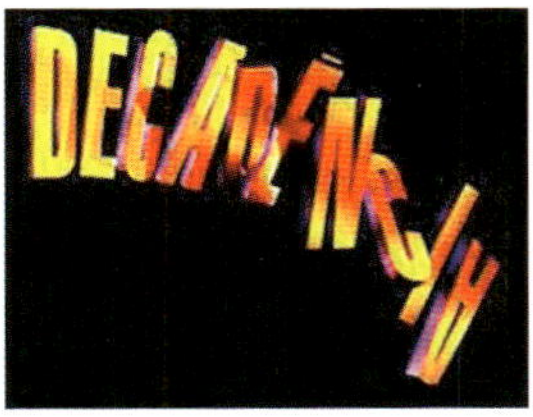

Em 1995, a Globo usou artilharia pesada até com distorção de fatos, como as sacolas de pedidos no Maracanã. Na minissérie *Decadência*, um sutiã foi jogado em cima da Bíblia Sagrada. O povo foi às ruas em nossa defesa.

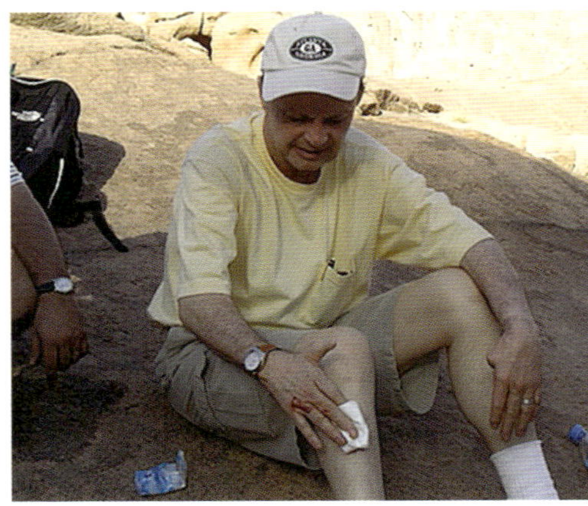

As subidas ao Monte Sinai sempre marcaram minha vida. Em cada visita àquele lugar sagrado, uma nova conquista. A travessia é perigosa, a temperatura é um obstáculo, mas mesmo com a perna machucada, não desisti.

Cada vez que subimos em um monte, carregamos um propósito. Acima, no Ben Nevis, no Reino Unido, para manter abertas as portas de um templo de Londres. Ao centro, um entardecer no Sinai. E, ao lado, no Monte Hermon, o mais alto de Israel, quando subimos com um objetivo completamente especial.

A chegada do Evangelho às tribos isoladas da África me levam às lágrimas. A céu aberto e feita com troncos de madeira, a Universal executa a mesma missão: salvar almas.

Em maio de 2013, mais de 70 mil pessoas lotaram o Pavilhão do Anhembi em São Paulo em uma concentração de resgate aos sofridos.

O Templo de Salomão com cinquenta por cento das obras encerradas, em março de 2013: cada parte desta construção representa santidade.

Durante uma de minhas últimas visitas, percorri lentamente cada pedaço das construções. O Templo de Salomão será aberto para todos os povos, de todas as religiões.

MSA
SONY

Na primeira vez que pisei no altar do Templo de Salomão, recordei o nosso início na antiga funerária: um homem não pode fazer isso.

dentes e ex-presidentes, ouço um discurso comum, e, às vezes, até um agradecimento, que me traz uma grandiosa realização.

O que seria do Brasil nos últimos anos sem a Rede Record? Quantos mandos e desmandos foram evitados na luta contra o monopólio da comunicação? O domínio da informação sempre elegeu e derrubou políticos. Sempre levantou e pisou em quem lhe interessava. Quem nega isso? O país deixou de ser refém do monopólio e de suas mazelas.

O crescimento da Record transformou o Brasil. Quanta geração de emprego. Quanta produção cultural e diversidade. Quanta informação livre. Quanta concorrência.

Meus pró-labores declarados no Imposto de Renda e os balanços da emissora registrados na Junta Comercial atestam: nunca tirei um centavo da Record como salário ou participação nos lucros. Sempre reinvesti todo lucro como acionista da emissora. São mais de 4 mil funcionários que produzem 85 horas de conteúdo nacional. A cobertura em 98% do país é feita em 99 emissoras, entre próprias e afiliadas. O sinal internacional chega a 125 países de quatro continentes.

É a segunda televisão mais assistida do país, com um telejornalismo respeitado e de repercussão em todo o Brasil e no exterior.

Eu também fui vítima do monopólio, que usou todo o seu poderio para me varrer do mapa, como vamos entender daqui algumas páginas, analisando, emblematicamente e com cautela, os acontecimentos de 1995. Hoje, vez ou outra, ainda tenta encabeçar novas campanhas de difamação, mas estas já não impõem a mesma força.

Os mesmos argumentos, os mesmos artifícios, a mesma ladainha.

O Brasil despertou. Graças à existência da Record. Graças ao nosso Deus.

Quem suportaria?

Credito grande parte da imagem negativa no começo da minha trajetória de evangelização à avalanche de reportagens contrárias veiculadas na mídia brasileira a partir de um conjunto de opiniões preconcebidas. Tenho certeza de que, se a Igreja Universal tivesse se originado nos Estados Unidos, na Inglaterra ou em outra nação sem tradição católica, certamente seria muito mais respeitada e, quem sabe, até vista com mais admiração desde o seu nascimento. Não que eu me importe com isso, mas é o clamor do censo de justiça.

A imprensa em geral nos tratava com intolerância já antes da compra da Record. Ainda hoje existe certo resquício dessa época, embora em menor escala, com exceção da postura da TV Globo, que nos trata como concorrentes de negócio e ideologia.

O primeiro ataque frontal na televisão aconteceu no programa *Documento Especial*, da falida TV Manchete. Durante mais de uma hora, fomos taxados de fanáticos e comandantes de uma Igreja repleta de miseráveis. O trabalho de libertação espiritual, indiretamente, foi rotulado de farsa.

Em junho de 1990, fui convidado para participar de um programa de debates muito assistido à época, da apresentadora Silvia Popovic, no horário nobre do canal SBT. O combinado com a equipe de produção era discutir fé e religião, o que me fez enxergar uma oportunidade para esclarecer os princípios da crença no Evangelho para um público mais abrangente.

Fui inocente demais.

Logo de cara, quando a apresentadora anunciou o tema do programa, eu levei um susto:

– A sociedade se volta, junto com os seus dirigentes, para uma polêmica assustadora que hoje é posta em debate: o crescimento das seitas evangélicas e em especial o da Igreja Universal do Reino de Deus. O que está acontecendo com o Brasil? – indagou a apresentadora.

As surpresas não pararam por aí. Para o meu espanto, a apresentadora assumiu uma atitude de acusação:

– Uma das críticas que fazem ao senhor é que muitas pessoas são enganadas, são extorquidas, são obrigadas a dar o dízimo para conseguir curas e quando se dão conta, estão pagando por um milagre que nem sempre é cumprido. Uma série de acusações se voltam contra a sua Igreja. Eu gostaria de saber: como o senhor responde a esse tipo de acusação?

As mesmas velhas acusações de sempre. Ao meu lado, participavam do debate ainda uma atriz, outro pastor e dois deputados, entre eles o ex-presidenciável Roberto Freire.

Pedi para a apresentadora mostrar os meus acusadores e argumentei o óbvio: a prova de que o trabalho da Igreja Universal é sério é o seu crescimento e a enorme quantidade de transformação de vidas.

A apresentadora, então, revelou no estúdio uma mulher disfarçada com óculos escuros e peruca, dizendo-se vítima da Igreja. Ela alegava que sua filha havia sido proibida de tudo e se afastado da sociedade. Uma cena patética.

O mais irritante era ver os aplausos da plateia, obviamente, controlados pela equipe de produção, voltados apenas para os que me agrediam.

Surge na sequência um delegado de polícia, o mesmo que havia invadido nosso templo com o uso de metralhadoras, também com novas acusações sem o menor sentido.

– O delegado diz que distribuímos folhetos sobre a venda de óleo santo e de curas milagrosas, mas ele não prova nada. Cadê o folheto? – perguntei, interrompendo o delegado várias vezes.

O folheto, é claro, não apareceu. No final do programa, a apresentadora foi procurada pela revista *Plenitude* para uma entrevista e logo respondeu:

– Sobre a Igreja Universal? Ah, não! Não estou com paciência agora...

Como este programa, existem inúmeras reportagens daquele tempo que envergonham a imprensa e denunciam o escancarado preconceito religioso.

Um deputado estadual famoso à época, Afanásio Jazadi, era uma das personalidades da mídia que mais incentivava isso. Ele usava um programa de rádio para nos atacar sistematicamente e tentava elaborar projetos de lei para atrapalhar a pregação do Evangelho. Chegou a ser uma das maiores audiência do rádio no Brasil e o deputado mais votado por São Paulo, mas usava isso para depreciar nosso trabalho espiritual. Suas declarações à imprensa, e principalmente à televisão, sempre foram carregadas de ódio e desprezo. Eram muitas, e todas maldosas, sempre com o objetivo de taxar nossos pastores e a mim como "criminosos". O prazer sádico no rancor de suas palavras sempre chamou a atenção. O destino atual dele será revelado algumas páginas adiante.

A Universal e eu fomos seguidamente esculhambados, sem o menor direito de resposta para nada. As exceções são raríssimas.

Organizei um painel com uma seleção especial das principais manchetes e trechos de textos publicados nos principais jornais brasileiros na chegada dos anos 1990. Preste atenção no nível do conteúdo:

***Jornal do Brasil*, 24 de abril de 1991**
Edir Macedo Bezerra: um barnabé vira líder espiritual

***Diário Popular*, 4 de maio de 1992**
Pregação calhorda

***O Globo*, 29 de abril de 1991**
Salvação à venda no supermercado

"[...] Curas tão milagrosas que levaram alguns teólogos a classificá-las de "prática perversa" e "*show* de manipulação [...] a Universal parte de um grupo de seitas que vende a salvação. E que funciona como um seguro de "pobre" [...]

No dízimo, uma carteira de investimentos

"[...] Para o rebanho que segue os pastores da Universal é difícil não sair tosquiado ao final do culto."

Notícias Populares, 5 de maio de 1991

Mutreta religiosa na mira da polícia

"Se você está desesperado, compre um carnê dos milagres, ou vá a um leilão da prosperidade divina [...]"

O Estado de S. Paulo,

21 de maio de 1989

Sambistas agora cantam aleluia

11 de novembro de 1989

Record vira TV Reino de Deus

19 de outubro de 1991

Ficha suja: o pastor Edir Macedo vai prestar depoimento

30 de janeiro de 1992

O bispo Edir Macedo estende seus tentáculos

23 de abril de 1992

Próspero empreendimento

"[...] A liderança do sr. Edir Macedo não teria adquirido tal dimensão não fosse, em primeiro lugar, a carência espiritual por que passam as camadas mais pobres e ignorantes da população, que estão sempre na expectativa de encontrar salvadores, milagreiros capazes de curar todos os males [...]"

23 de maio de 1992

Providência salutar

"[...] Sobre os dons do Espírito Santo, o "bispo" não sabe til; em compensação, terá outros dons, que o habilitam a gozar a prosperidade e a abastança, à custa da crendice popular [...]"

29 de junho de 1990

"Bispo" com problema psiquiátrico

"[...] O chefe de investigações da Polinter chamou a imprensa para dizer que decidiu pedir um exame psiquiátrico de Edir Macedo, por julgar que ele apresenta 'comportamento psicopata, sociopata e amoral'. Pesam ainda sobre o líder da Igreja Universal acusações de ter 'comportamento cerebral de indução de pessoas'".

Observe o tom jocoso e desrespeitoso como fomos tratados ao longo desses anos. Políticos corruptos e assassinos cruéis não ganharam rótulos assim nas mesmas páginas desses jornais. Tudo motivado por um trabalho unicamente voltado para resgatar vidas desesperadas com a pregação do Evangelho e preencher a lacuna social deixada pela inoperância dos governos.

Você suportaria?

O MASSACRE

Desde que assumimos a Record, a Globo passou a direcionar ataques frontais contra mim e a Igreja Universal, mas o armamento se tornou de grosso calibre a partir de 1995. Foi exatamente o ano em que a Rede Record se tornou a terceira principal emissora de televisão do Brasil e já ensaiava saltos de crescimento ainda mais promissores.

Os golpes passaram a ser abaixo da cintura e de maneira explícita. O medo da ameaça futura foi admitido por seu próprio fundador, conforme revela esse trecho de uma reportagem publicada no dia 13 de setembro de 1995:

"A Globo tenta exibir uma certa tranquilidade, que é só aparente. Roberto Marinho confidenciou a um amigo que nos próximos dez anos a Record deve ser a rede com maior munição para ameaçar a hegemonia de sua emissora".

("Guerra sem tréguas", revista *IstoÉ*.)

A lógica foi mais bem explicada nas palavras de um renomado crítico de cultura e televisão, em um artigo divulgado no dia 13 de janeiro de 1996:

"A Rede Record põe gente na rua e projeta novas lideranças no espaço público – ela disputa poder político com a Globo. E na TV brasileira a moeda mais preciosa não é Ibope nem dinheiro, mas o poder político. A Record trouxe para a tela os excluídos que a TV madame da Globo detesta mostrar. Os crentes, tradicionalmente desprezados pelos bem-pensantes e bem-vestidos, entraram em cena. É contra essa cena que a Globo se movimenta."

("Sintonia Fina", Eugenio Bucci, *O Estado de S. Paulo*.)

O monopólio não ficaria sem orquestrar uma austera retaliação. Ou alguém dúvida que a Rede Globo só agride a mim e à Igreja Universal por causa da Record?

Para entender, ao menos parcialmente, os subterrâneos das ações intolerantes da Rede Globo, em 1995, basta se debruçar sobre o bombástico documentário inglês *Muito além de cidadão Kane*, censurado em nosso país por medidas judiciais da emissora carioca. Produzido em 1992, o vídeo, ainda disponível na internet, denuncia as origens do poder do empresário Roberto Marinho. É um documentário tão revelador que todos os brasileiros têm a obrigação de assistir um dia na vida.

O ano de 1995 foi muito longo.

Nas páginas seguintes, enumerei as cinco investidas centrais das Organizações Globo, em ordem cronológica, discorrendo as minúcias de um lado jamais contado dessa onda de agressões.

A versão de quem foi alvo de todo o bombardeio, 18 anos depois, deve ser registrada para a história recente do Brasil. Os abusos de um grupo de comunicação, à época dominador absoluto da informação, necessita atravessar gerações.

A lição precisa ficar.

SACOLAS DE MENTIRA

O ano inteiro de 1995 foi pontuado por reportagens contra a Igreja Universal nos telejornais e programas da Rede Globo. A tática era uma espécie de repetição das ofensivas desferidas, em abril de 1992, um mês antes da minha prisão, quando o principal noticiário da emissora levou ao ar uma longa matéria sobre uma das nossas concentrações de fé no Estádio do Maracanã.

O repórter destacava, à exaustão, imagens de vários pastores carregando sacolas cheias de papéis com pedidos de oração. Para a Rede Globo, eram sacolas cheias de dinheiro. O evento, segundo a locução, foi meramente um conjunto de situações irregulares, com uma multidão fanática enganada pelas palavras de um "criminoso".

No ano seguinte à aquisição da Rede Record, um programa semanal de 60 minutos tratou a Igreja como um "caso de polícia" e me rotulou com os piores adjetivos. No dia da minha detenção, uma equipe da emissora era a única presente no distrito policial para onde fui encaminhado. Não havia sequer um outro órgão de imprensa. Em julho de 1995, produtores infiltrados nos templos filmaram, ilegalmente, um dos nossos cultos com uma câmera escondida. A intenção foi mostrar, novamente, que os fiéis eram "ludibriados e obrigados a fazer contribuições financeiras". Foi uma longa reportagem em seu programa de domingo.

Nos anos seguintes, diversas pequenas e grandes reportagens, na televisão e em seu jornal impresso, mostravam que os canhões permaneciam apontados para mim.

O mais difícil, acredito, deve ter sido a Globo observar o crescimento ininterrupto da Universal, mesmo após contínuas investidas. A prisão não fechou as portas da Igreja, pelo contrário, trouxe ainda mais avanço. Os templos se entupiram de novos fiéis solidários na luta contra uma pancadaria tão desleal. Foi um marco em nossa trajetória. E a Record, ainda recém-nascida, fortalecia seu projeto de televisão que atingiria diretamente a estabilidade de poder do grupo carioca.

Para quem dominava o país, sempre erguendo e derrubando empresários, juízes, deputados, governadores, ministros e até presidentes da República, reféns do monopólio, não deve ter sido um cenário fácil de assistir.

O único caminho foi pesar a munição.

NOVELA DA VIDA REAL

A descrição exata da cena, sem tirar ou acrescentar nada, é literalmente essa:

"O pastor entra no quarto e inicia uma relação amorosa com uma mulher meio acuada.

A amante era a governanta, a mesma pessoa responsável por sua criação.

O pastor seduz a mulher. Os dois se agarram com desejo.

Ao tirar a roupa, a amante lança o sutiã sobre a Bíblia do pastor, que estava aberta sobre a cama em que o casal teve a primeira relação sexual.

A imagem do sutiã jogada sobre a Bíblia transcorre lentamente".

Um escândalo, sem precedentes na televisão brasileira, de que poucos se recordam. É possível imaginar o que isso significa?

Uma afronta ao símbolo maior da fé cristã. Um tapa na cara de todos os homens e mulheres que zelam pela santidade da Palavra de Deus. A Bíblia não é um livro de vida apenas da Igreja Universal, mas de fiéis do Evangelho no mundo inteiro.

E o que aconteceu? Nada!

Muita gente aplaudiu a Globo, até achou bonita e criativa a licença poética da emissora, que violentou um dos símbolos sagrados do cristianismo. Em outro país, essa emissora de TV não passaria sem uma punição rigorosa.

Foi com esse tom de indignação e desprezo que ouvi falar sobre a minissérie *Decadência*, exibida pela Rede Globo em setembro de 1995. A trama tinha como personagem principal um pastor corrupto e sem caráter, líder de uma igreja de pessoas desequilibradas.

O alvo, sem dúvidas, era eu.

A minissérie, de 12 capítulos, foi escrita pelo autor Dias Gomes.

Era uma caricatura debochada do meu trabalho evangelístico como pregador. Uma sátira aos meus valores e, acima de tudo, aos princípios da Palavra de Deus. Várias das minhas falas inteiras, ditas em entrevista a uma revista semanal, foram reproduzidas pelo personagem central da trama nessa minissérie:

9 de setembro de 1995

Folha de S.Paulo

'Decadência' usa frase de bispo

"Trechos de entrevista de Edir Macedo em 1990 estão em obra de Dias Gomes, que inspirou minissérie da Rede Globo, que mostrava a quem, de fato, estava endereçada a minissérie."

Quando se deu conta do mal-estar gerado, a Globo incluiu na abertura de *Decadência* um texto lido pelo ator protagonista:

– *É imprescindível renovar o respeito a todas as religiões.*

Soou como demagogia.

Os anos posteriores trouxeram mais ironias e insultos com o uso da ficção. Na minissérie *Ó pai, ó*, um malandro se transformava em outro pastor corrupto, que desviava dinheiro da igreja. Na novela *Duas Caras*, uma evangélica louca e rancorosa incitava seguidores a atos de violência, como uma tentativa de linchamento, e perseguiu com ódio os homossexuais. Esses foram só alguns exemplos. Ao mesmo tempo, símbolos católicos e espíritas sempre foram tratados com devoção e deferência por meio de enredos e personagens da teledramaturgia.

Por curiosidade, somente agora, após essa extensa ficha de ataques, a mesma emissora passou a patrocinar grandes eventos de música gospel. Muito estranho, não é? Dá para acreditar nas intenções dessa empresa?

INCITAÇÃO

Era noite nos Estados Unidos quando recebi uma ligação de São Paulo comunicando o estardalhaço do telejornal da noite na Rede Globo. Um dos nossos ex-bispos havia chutado levemente uma imagem de cerca de um metro de altura, que ele mesmo havia comprado. Era dia 12 de outubro de 1995, feriado católico. Com base em versículos da Bíblia, criticou a veneração por imagens de santos.

O número de televisores ligados àquela hora na programação da Igreja, na madrugada da Record, ainda era muito pequeno. Mas o fato foi explorado à extenuação na voz de um âncora:

– Bispo da Igreja Universal do Reino de Deus provoca polêmica e indignação em todo o país! Ele usou uma imagem de Nossa Senhora Aparecida para acusar a Igreja Católica de lucrar com a adoração de santos. Diante das câmeras, reforçou seus argumentos com gestos agressivos.

O assunto invadiu os demais noticiários da emissora carioca. A imagem dos chutes foi repetida sem parar nos dias que se seguiram. O objetivo era incitar os católicos contra nós.

Obreiros e pastores foram proibidos de circular livremente com uniformes de identificação da Igreja. Membros acabaram expulsos de casa pelos próprios familiares. Reconheci que foi um erro. Imediatamente entrei no ar pela televisão e pelo rádio pedindo desculpas. Discordamos radicalmente das doutrinas ensinadas pelo Vaticano, por questão de fé na Palavra de Deus, mas amamos os católicos igualmente aos membros da Universal ou aos perdidos nas religiões deste mundo.

Por isso, tomei a decisão de pedir perdão em cadeia nacional. Fizemos mais: autorizei a Record a oferecer à Cúria Metropolitana de São Paulo os mesmos dez minutos em retratação ao ocorrido. A oferta foi negada.

Nossa atitude foi um sinal de tolerância e um pedido de paz, mas acabou interpretado de outra maneira. Não entendi. Fiquei me perguntando se o Vaticano havia perdoado a Globo pela exibição de um sutiã jogado sobre a Bíblia, alguns meses antes, na tal minissérie *Decadência*. Não havia motivo para perdão, afinal, nunca houve sequer uma manifestação de repúdio à agressão a um dos símbolos sagrados do cristianismo.

O artigo abaixo, publicado no domingo, dia 5 de novembro de 1995, apesar de um pouco ácido, traz elementos interessantes do conflito incitado pela emissora carioca:

Folha de S.Paulo

Milagre inquestionável

Marcelo Leite, ombudsman

"[...] Aqueles chutinhos desajeitados com a lateral do sapato e os socos pouco convincentes despertaram-me somente um constrangimento similar ao experimentado com cenas dramáticas de novelas mexicanas.

Não se fazem mais iconoclastas como antigamente.

O pastor foi vítima do seu excesso de literalidade televisiva. Pela repetição exaustiva, a Globo conseguiu transformar uma performance pífia em crime de lesa-divindade.

O que não se deve perder de vista, em meio a tanta baboseira e palavras compungidas de Cid Moreira, é que a primeira pedra partiu da Globo. E de uma forma melíflua, dissimulada, não assumida, com a minissérie *Decadência*.

A atitude pusilânime de esconder-se por trás da ficção foi derrubada por reportagem da *Folha*, na qual se revelou que falas inteiras do pastor global tinham sido chupadas de uma entrevista do bispo universalista Edir Macedo à revista *Veja*. Outro bom momento do jornal foi o caderno especial "Guerra Santa", uma tentativa esforçada de lançar mais luz do que calor sobre o debate.

A Igreja Universal só incomoda porque cresce a olhos vistos e porque se apoia em uma emissora de TV. Não fosse sua capacidade de satisfazer eficientemente uma demanda ignorada pelo catolicismo balofo, jamais preocuparia o cardinalato carioca [...]"

Parte desse texto me faz lembrar um exemplo de jornalista correto, em meio à onda de uma cobertura tão preconceituosa. Octávio Frias de Oliveira, proprietário do jornal *Folha de S.Paulo*, sempre me tratou com dignidade. Não que concordasse com as minhas convicções de fé, mas sempre me respeitou e entendeu a profundidade do papel da Igreja Universal no resgate social da população de excluídos. Isso foi dito por ele pessoalmente para mim em um encontro na sede do Grupo Folha, numa espaçosa sala de reuniões na Rua Barão de Limeira, no centro da capital paulista. Antes de me dar um abraço solidário, disse que acreditava na seriedade do trabalho da Universal. Sua morte foi uma perda para o Brasil.

Um tumor

De uma hora para outra, a Rede Globo deu luz a um pastor evangélico como defensor de suas investidas. Em cada reportagem contrária à Igreja Universal ou a mim, ele logo aparecia com uma nova declaração mordaz. Era o reverendo Caio Fábio D' Araújo Filho, naquele tempo ligado a uma denominação tradicional.

A intenção era tentar emprestar legitimidade aos ataques da emissora utilizando uma suposta liderança evangélica de respeito. Para isso, o reverendo chegou a assumir o cargo de presidente da Associação Evangélica Brasileira, fundada com a intenção de autenticar sua posição como líder. A entidade, porém, não tinha quase nenhuma representatividade.

Em suas entrevistas à televisão, o reverendo chegou a ironizar a santidade dos dízimos e das ofertas dizendo que a Igreja Universal fazia uso do esquema "sacolinhas", como se nunca antes, nenhuma outra instituição evangélica, católica, ortodoxa, espírita ou esotérica, tivesse utilizado uma sacola para recolher doações.

Na declaração mais vil e irresponsável, chegou a afirmar que a Universal é um "verdadeiro tumor" no meio evangélico brasileiro.

Vamos descobrir o seu destino algumas páginas adiante.

CÁLCULO DA VINGANÇA

A saída de pastores e bispos sempre foi comum ao longo do percurso de desenvolvimento da Igreja Universal. Muitos desistem do altar, por outra opção de vida, e deixam pacificamente a Universal. Mas há um grupo específico de homens e mulheres que, ao saírem do nosso meio, passam a nos atacar de forma covarde e mentirosa. A ingratidão soa nas palavras de calúnia.

Muitos até posam como pobres vítimas indefesas e defensores da moralidade, às vezes até na televisão, mas escondem sua verdadeira face. Todos os ex-integrante da Igreja foram afastados de suas funções por graves desvios de conduta. As faltas são as mais inimagináveis e escandalosas possíveis.

Um deles, na véspera do Natal de 1995, foi usado pela Globo para desferir mais um duro golpe na Igreja Universal e em mim.

Durante dias, foram exibidas cenas caseiras em que, radiante, apareço contando as doações de membros do templo de Manhattan, nos Estados Unidos. Meus momentos de descontração com outros bispos em um hotel de Jerusalém e no Rio de Janeiro foram mostrados fora do contexto e com total conotação criminosa. A reportagem e sua repercussão ocuparam enorme tempo durante várias semanas no principal jornal da emissora.

Era um ato de vingança.

Dias depois, fui informado sobre uma declaração surpreendente e agressiva do ex-dirigente da Polícia Federal, o então senador Romeu Tuma, publicada no jornal *O Estado de S. Paulo*, em 28 de dezembro de 1995: "Interpol deve investigar Universal", diz Tuma.

As difamações foram desvendadas, pouco a pouco. A principal delas virou um vexame. A prova da manipulação. A locução da matéria da Globo mostrou notas de um dólar, doadas de oferta, como se fossem notas de cem dólares. O polêmico programa *25ª Hora*, da Record, levou peritos que comprovaram as montagens na edição do vídeo.

A Rede Globo foi obrigada a reconhecer o erro em rede nacional.

Vergonhoso.

A adulteração da informação e os exageros maquiavélicos do caso provocaram protestos em outros veículos de comunicação.

Decidi que era hora de me defender. Estávamos cheios de tantos golpes baixos. Orientei ao *25ª Hora* uma sequência de reportagens e debates contando à população brasileira a verdadeira história da Globo e os seus podres. Com apenas algumas semanas no ar, não paravam de surgir novas denúncias. Gravações telefônicas, vídeos de diretores, documentos. A audiência disparou. Chegamos a dar dois dígitos de audiência em plena madrugada.

Mais recentemente, em 2009, a Rede Globo voltou a atacar a Universal e a mim repetindo a mesma estratégia, requentando as acusações de sempre. Acordei de madrugada, em Portugal, quando pensei como mostrar ao Brasil a verdade sobre essa emissora. Surgiu, então, a histórica edição do jornal *Folha Universal*, de 26 de setembro de 2009, inteiramente dedicada a denunciar os danos causados pela emissora carioca ao país.

A edição especial, "Como a família Marinho destrói o Brasil", entre outros assuntos instigantes, revelou a obscura história da organização e seus vínculos com a Ditadura Militar, a associação ao escândalo *Time Life*, o silêncio no movimento "Diretas-Já", empréstimos suspeitos de dinheiro público, falsificação de documentos na compra de sua sede em São Paulo e até a ocupação irregular de terrenos públicos. Na capa, em destaque, a foto em perfil dos três irmãos herdeiros, os atuais proprietários.

O jornal circulou com uma edição especial de 3 milhões e 500 mil exemplares em uma única semana. Foi distribuído, um a um, em todos os gabinetes do Poder Executivo, Legislativo e Judiciário – e, curiosamente, na maioria das vezes, muito bem-aceito.

Ainda em 1995, gravei um programa de rádio com uma mensagem específica sobre o doloroso momento que vivemos. Eu selecionei um trecho do meu desabafo, aliás, muito atual até hoje:

"As imagens mostradas maliciosamente pela Rede Globo têm o propósito de denegrir a imagem da Igreja Universal.

Só que a Igreja Universal nunca se intimidou. Nunca nos intimidamos com os Golias armados diante de nós, porque Deus é conosco. E se Deus é por nós, quem será contra nós? Se Deus é conosco, quem será o nosso adversário? O nosso inimigo?

O diabo está tentando destruir a Igreja Universal, a família de Deus, selada por Deus, instituída pelo Espírito de Deus. Quem poderá destruí-la?

Aqueles que tentam não estão lutando com o homem, com o bispo Macedo, contra os pastores. Mas estão lutando com Deus.

A Universal não nasceu do homem. Nasceu de Deus. O povo segue ao Senhor Jesus, não aos pastores, não a mim.

Eu pergunto: o que a Rede Globo deu a você até hoje? Qual o benefício que ela te proporcionou? E a Igreja Universal? Qual o benefício que ela trouxe para a sua vida? Compare e responda para você mesmo.

Eu faço um desafio a você que não é da Igreja Universal: deixe a Rede Globo de lado e passe apenas um mês frequentando a Igreja Universal e veja o que Deus irá fazer em sua vida".

Em fevereiro de 2013, um artigo pertinente produziu uma abordagem mais ampla, com argumentos reflexivos, sobre o cenário bélico provocado pela Rede Globo. Abaixo, alguns trechos dessa análise:

Jornal *Em Tempo*

Edir Macedo, o homem que transformou o Brasil

"O homem de maior influência (que está longe de se esgotar) no Brasil, na segunda metade do século 20, foi Edir Macedo. Em poucas décadas o país deixou de ser esmagadoramente católico e os chamados evangélicos tendem para a maioria. Na esteira da Universal outras vieram como ondas. [...]

Simplificadamente, de um lado a Igreja Católica criou vácuo com a defesa de teses que não vingaram, tipo proibição do divórcio, da pílula, sexo apenas para a procriação etc. [...] Vicente Celestino celebrou a igreja com a música 'Porta Aberta', raro hoje em dia, enquanto a qualquer hora há sempre um chamado obreiro para escutar algum aflito. [...]

Compreensivelmente as abordagens sobre o sr. Edir Macedo são passionalizadas (a favor ou contra, óbvio), mas por ter alterado radicalmente a face religiosa do país, com desdobramentos, merece estudo histórico sereno para melhor se compreender o povo brasileiro. O processo de transformação prosseguirá provavelmente por mais duas ou três décadas. Por que o dízimo se tornou tão importante? Respeitando os que creem na Santíssima Trindade, por que se concentrou o culto em Jesus? As respostas devem ser sociológicas e não teológicas. [...]

A força desencadeada pelo sr. Edir Macedo se comprova com a Rede Globo inaugurando o *Festival Promessa*, de música gospel, em 2012, com artistas do braço fonográfico da emissora".

Há dois pontos e uma pergunta a serem considerados após os fatos elencados.

Optei em usar somente o ano de 1995 como um período simbólico para demonstrar o esforço de manipulação para fazer com que eu e a Igreja Universal desaparecessem. O objetivo, sem meias palavras, era a aniquilação. O segundo fato relevante é compreender que a audiência dessa emissora, àquele tempo, era quase absoluta e atingia até 95% dos lares brasileiros em certos horários. Ou seja, sem exageros, fomos atingidos cruelmente por uma arma de destruição em massa.

A pergunta é simples e direta: quem sobreviveria a um massacre desse tamanho? Que homem ou instituição resistiria a uma onda tão maciça e violenta de ataques?

As cicatrizes estão aqui. Expostas.

Quase 20 anos depois, no entanto, existe alegria dentro de mim. Não por ter sobrevivido, mas pela certeza de que as palavras deixadas pelo Senhor Jesus vão se cumprir:

"Bem-aventurados sois quando, por minha causa, vos injuriarem e vos perseguirem e, mentindo, disserem todo mal contra vós. Regozijai-vos e exultai, porque é grande o vosso galardão nos céus; pois assim perseguiram aos profetas que viveram antes de vós". (Mateus 5.11,12)

Essa alegria é dividida com todo o povo da Igreja Universal que, juntamente comigo, sofreu com cada escárnio, cada humilhação, cada agressão injusta e, ainda assim, permaneceu inabalável no caminho da fé.

O galardão no céu é uma realidade.

Senhor da razão

Hoje, tanto tempo depois, é impossível não meditar sobre tudo o que passei sem realizar um balanço racional dos acontecimentos e uma autoanálise à luz da nossa crença. Os episódios de 1992, 1995 e os demais períodos de nossa penosa travessia deixaram aprendizados de extrema importância.

O maior deles, talvez, foi entender mais a fundo que não somos nada sem Deus, como vamos meditar melhor no próximo capítulo. Outra lição foi encontrar forças, onde não havia, para orar por cada um dos que tentaram nos prejudicar. Confesso: não foi uma missão simples, mas pedi ao meu Deus por cada um, indistintamente.

Infelizmente, os personagens daqueles anos de chumbo tiveram destinos diferentes.

Fernando Collor de Mello foi destituído da Presidência da República por força de um *impeachment*.

PC Farias apareceu morto com a amante em sua casa de praia em Alagoas.

O empresário José Carlos Martinez morreu em acidente de avião.

Leopoldo Collor morreu vítima de um câncer no pescoço.

O juiz João Carlos da Rocha Mattos foi condenado por vender sentenças, ficou oito anos preso e perdeu o cargo.

O autor Dias Gomes perdeu a vida em um trágico acidente de carro.

O ex-deputado Afanásio Jazadi caiu no esquecimento. Em sua última candidatura, em 2008, não conseguiu sequer ser eleito para vereador em São Paulo. Suas tentativas de voltar à televisão foram fracassadas.

O ex-senador Romeu Tuma faleceu vítima de falência múltipla dos órgãos.

O ex-reverendo Caio Fábio teve envolvimento com escândalos políticos e foi exonerado de sua igreja ao assumir uma relação extraconjugal com a secretária.

O *Jornal do Brasil* faliu e só existe na internet.

A TV Manchete também faliu e foi extinta.

A TV Globo enfrenta quedas sucessivas nas últimas décadas e vive atualmente a pior audiência de sua história.

Minha força maior

Reviver o passado infausto machuca. Não guardo mágoas de nenhuma pessoa ou instituição, mas tenho vivas as memórias de um tempo muito sofrido. Olho para frente, como sempre digo. Mas as lições ficaram. E me fazem carregar uma responsabilidade ainda maior nos dias de hoje.

A Igreja Universal avançou como nunca. Temos milhões de vidas, em mais de 180 países no planeta inteiro, sob a nossa direção espiritual. Comandamos um dos maiores grupos de comunicação do país e do mundo para lutar por uma sociedade melhor, mais justa, menos monopolizada. Pelo fim de um Brasil que não queremos mais.

Dependo do meu Deus para tudo. Ele foi comigo nos momentos mais solitários e angustiantes, embora não exista merecimento. A cada manhã, reconheço que não sou digno sequer de erguer meu rosto para Deus. Quem é o povo da Igreja Universal e quem sou eu para suplicar socorro? Somos menos que o nada. Mas somos movidos por uma sinceridade real e profunda, uma fé que nos faz rasgar o peito para alcançar o impossível.

Quando pensamos que é o fim, Deus surge para nos resgatar. Em situações maiores ou menores, em um mundo próprio, diante de um universo de desafios, alguém pode se encontrar encurralado neste momento. É a sua chance. É preciso olhar para Deus. Ele está pronto para te ouvir neste instante, ardentemente à sua espera.

Eu sobrevivi. Você vai sobreviver.

Nossa vida e a Universal seguem assim: na completa dependência de Deus. Consolidamos um sólido projeto de credibilidade no Brasil e no mundo, mas há muito o que fazer. Inúmeras pessoas perdidas ainda aguardam nossas mãos estendidas.

Eu me recordo, meses atrás, quando pedi aos bispos da África para espalharem o Evangelho pelos vilarejos isolados no interior do continente. A resposta positiva foi imediata. As cenas da incursão missionária tocaram meu íntimo e provaram que ainda existe um contingente sem fim de sedentos de Deus.

Os habitantes da aldeia Mumuila, nativos das comunidades do deserto, foram um dos primeiros a nos aceitarem. Eles vivem em tribos distantes de tudo, ao longo de um dos desertos mais áridos do mundo, no sul de Angola. A região padece com a falta de comida, água e de condições mínimas de sobrevivência. Muitas crianças trocam a infância pelo trabalho forçado pela miséria.

Nas últimas décadas, dezenas de missionários tentaram e nunca conseguiram se aproximar dessa tribo. Eram sempre rejeitados pela comunidade local, mas a Universal foi aceita.

A igreja é a céu aberto. Os bancos de madeira, feitos com árvores cortadas da floresta, foram produzidos pelos moradores da própria tribo. Hoje, faltam lugares para os mumuilas participarem das reuniões três vezes por semana.

Ao assistir às imagens dos nossos pastores nessas aldeias pobres e distantes, fui às lágrimas. Aquela gente maltrapilha e humilde é mais rica do que muitos nobres da cidade grande por um único motivo: imersas em tanto sofrimento, em um piscar de olhos, se rendem ao Senhor Jesus e logo conquistam o bem mais valioso do ser humano.

Essa é a missão da Universal. O mesmo Espírito da funerária está presente, nos dias atuais, nas aldeias primitivas da África.

Cenas como as dos habitantes do deserto buscando Deus em uma igreja improvisada, sem poltronas, som com microfone, ar-condicionado ou até mesmo sem telhado, me enchem de temor. Isso nos obriga a valorizar aquele templo confortável, vizinho poucos quarteirões, ou aquela igrejinha pequena, simples, quase sem recursos, mas com um altar acessível para acolher os perdidos.

Isso nos faz refletir sobre o valor da Igreja em nosso dia-a-dia. Uma população inteira, também em um país africano, viveu, por um breve período, a dramática experiência de encontrar as portas da Universal fechadas. Imagine-se acordar um dia e não encontrar mais aquela igreja perto de sua casa. Você já pensou nisso? O que significa buscar a Casa de Deus e não achá-la? Onde buscar a renovação da fé? Onde encontrar conforto para enfrentar a dura rotina? Onde exercitar sua crença para não se enfraquecer no caminho da salvação?

Esta é a razão maior por que Deus tem protegido a Igreja Universal e a mim: nossa obsessão é matar a fome dos famintos da Palavra de Deus.

Vou completar 70 anos em breve. Eu teria direito de me aposentar, descansar meu corpo, afinal, minhas forças físicas já não são as mesmas de quando eu era jovem. Poderia ter uma casa, à beira de um lago, com um barco para pescar. Ou morar no alto de uma colina com árvores e animais por todos os lados. Poderia passar meus últimos anos de vida apenas viajando com Ester, desfrutando a fase mais feliz do meu casamento.

Mas não, o que fazemos é exatamente o contrário. Justamente agora, nesta idade, acarretamos a maior quantidade de compromissos espirituais. Passo os dias pregando na Igreja ou instruindo nossos pastores e bispos por todo o planeta. E será assim até o meu último suspiro de vida.

Por quê? Eu não tenho nada. A minha vida está no altar.

Se eu morrer hoje, todos os meus bens pessoais serão automaticamente doados à Igreja. Eu já assinei o meu testamento nos Estados Unidos. Meus filhos não vão herdar nada. Absolutamente nada. Apenas a fé que conduz a uma aliança com Deus.

Um sonho espiritual que meditei, pouco antes de escrever este livro, explica melhor esse meu idealismo. Tive um entendimento de que havia morrido e os anjos me conduzido para o lado do Senhor Jesus. Então, Ele disse para mim:

– Você poderia ter feito mais. Você poderia ter ganho mais almas.

Essa visão me incomoda sempre.

Enquanto estou vivo, tenho de me doar ao máximo por essa convicção. Fazer de tudo para arrancar gente do inferno. O desafio, reconheço, é difícil. A maioria esquece que, cedo ou tarde, sem direito a levar nada, vai direto para o cemitério. Restará apenas a alma. E para onde ela vai? Isso me faz contorcer de dores.

Na última visita às construções do Templo de Salomão, em março de 2013, com metade das obras concluídas, pisei pela primeira vez no altar do nosso futuro templo. Observei como será a visão a partir daquele solo consagrado.

Caminhei lentamente de um lado para outro. Silenciei por alguns minutos.

Eu me vi no coreto. Eu me vi no primeiro culto da funerária.

Eu me vi jovem, procurando meu Senhor com a alma sedenta.

Eu me vi sozinho, lutando contra mim mesmo em busca do Espírito Santo. As horas de clamor para encontrar o Deus da minha vida.

Eu me vi guerreando contra o derrotismo dos oficiais evangélicos. O voto de confiança de minha mãe, a fiadora da primeira Universal.

Eu me vi no Maracanã diante de 200 mil pessoas. As igrejas se multiplicando.

Eu me vi no massacre do turbilhão de ataques corrosivos e cruéis. Os insultos. As ironias. A desonra.

Eu me vi contrariando as minhas vontades para entregar tudo em sacrifício.

Eu vi o próprio Deus. Um homem não pode fazer isso.

A minha insignificância.

As obras do Templo de Salomão fazem minha fé pulsar mais forte. Cada torre, cada pilastra, cada tijolo, cada pedra representa santidade. Um lugar cheio de grandeza, que será aberto para todos os povos, de todas as religiões. É como uma gestação santa: já posso ver o Templo nascendo para a glória de Deus. A contagem regressiva está no fim.

É uma construção inigualável, sem precedente em nenhuma parte do planeta. Derramamos suor e lágrimas para erguer esse prédio sagrado. Milhões em recursos para atender milhares de pessoas vindas de todas as partes do mundo. Uma realização histórica.

Mas contemplar o Templo de Salomão, inaugurado com todo o seu esplendor e majestade, não me alegrará mais do que o momento em que, ali dentro, alguém, uma única pessoa, tiver um encontro verdadeiro com o Deus que eu prego há 45 anos.

Meu maior sonho terá acontecido. Vidas renunciadas no altar.

A salvação das almas.